Schlemmen wie im Märchen

Wer auf Reisen die legendäre Gastfreundschaft arabischer Familien kennengelernt und die ungewöhnlichen Köstlichkeiten aus den Ländern von 1001 Nacht gekostet hat, der möchte sich zu Hause nicht mit der bloßen Erinnerung an diese kulinarischen Genüsse zufriedengeben. All jene, und auch die, die einfach nur neugierig sind, finden hier eine große Auswahl bekannter Rezepte und ausgefallener Spezialitäten.

Bil Hana wa Schifa – Guten Appetit!

Die Farbfotos gestalteten Odette Teubner und Dorothee Gödert.

INHALT

4 Essen und Trinken

- 4 Die arabische Küche
- 4 Fleisch, Geflügel und Fisch
- 5 Obst und Gemüse
- 6 Hülsenfrüchte
- 6 Brot, Kuskus und Bulgur
- 7 Gewürze
- 8 Süßigkeiten
- 8 Getränke
- 9 Eßgewohnheiten
- 10 Gastfreundschaft und Tischsitten
- 11 Arabisch kochen in Deutschland

12 Schurbat – Suppen

- 12 Ramadansuppe
  Harira
- 14 Lammsuppe
  Fata
- 14 Spinat-Joghurt-Suppe
  Labaneja

16 Luhum – Fleisch

- 16 Lammspieße
  Schisch Kebab
- 16 Hackfleischspieße
  Schisch Kufta
- 18 Hackfleisch-Bulgur-Bällchen
  Kibbeh Maschia
- 20 Hackbraten mit Kartoffeln
  Kufta bi-Sanija ma'a Batata
- 20 Gewürzte Lammkoteletts
  Scharuf bi-Baharat
- 22 Lammtopf mit Aprikosen
  Tagine Mischmischia
- 22 Geschmortes Rindfleisch mit Zucchini
  Tagine Kusa
- 24 Hähnchentopf mit Mandeln
  Tagine Dadschadsch
- 24 Huhn mit Oliven
  Dadschadsch ma'a Zaitun
- 26 Gefülltes Hähnchen
  Dadschadsch Mahschi

28 Chudar – Gemüse

- 28 Gurke mit Joghurt
  Laban bi-Khijar
- 28 Tomatensalat
  Salatat Banadura
- 30 Grüne Bohnen mit Tomaten
  Fasulija Khudra bi-Banadura
- 30 Dicke Bohnen in Öl
  Ful
- 32 Gebratene Aubergine und Zucchini
  Badindschan wa Kusa Maqlija
- 32 Auberginen mit Hackfleisch
  Tagine Badindschan wa Kufta
- 34 Gefüllte Auberginen
  Badindschan Schaik al Mahschi
- 36 Tomaten mit Nuß-Rosinen-Reis
  Banadura Mahschija
- 36 Auberginen mit Knoblauch
  Badindschan Imam Bajildi
- 38 Kohlrouladen
  Malfuf
- 40 Kichererbsenbällchen
  Falafel
- 40 Kichererbsen-Sesam-Püree
  Hummus bi-Tahina

42 Khubz – Brot, Reis & Co.

- 42 Kuskus mit Lamm und Gemüse
  Kuskus
- 44 Bulgur-Tomaten-Salat
  Tabuleh
- 44 Bulgur mit grünen Bohnen
  Burghul ma'a Fasulija
- 46 Mandel-Rosinen-Reis
  Ruz Muammar
- 46 Safranreis mit Nüssen
  Ruz Asfar bi-Dachauz
- 48 Reisfleisch mit Kichererbsen
  Ruz bi-Dfeen
- 48 Reis mit Fisch
  Saijadiah
- 50 Dünne Fladenbrote
  Khubz
- 52 Großes Fladenbrot
  Khubz Samik
- 52 Sesamringe
  Kak bi-Simsim
- 54 Arabische Pizza
  Lahm bi-Adschin
- 54 Kichererbsenpfannkuchen
  Sokka

56 **Halawat – Süßes**

56 Nuß-Blätterteig-Pastete
   Baklawa
58 Mandel-Rosinen-Kuskus
   Kuskus Hulw
58 Sesamschnitten
   Kak Simsimija
60 Gazellenhörnchen
   Kak i-Ghazal
60 Grießpudding
   Machmunia

62 **Rezept- und
   Sachregister**

ESSEN UND TRINKEN

Die arabische Küche

Die arabische Welt besteht heute aus vielen Einzelstaaten, deren einigendes Band ihre Religion, der Islam, ist. Das heilige Buch der »Befolger des richtigen Weges«, der Muslime, ist »das laut zu lesende Buch«, der Koran. Im Koran sind nicht nur die dem Propheten Mohammed von Gott offenbarten Glaubensgrundsätze des Islam niedergeschrieben, sondern auch strikt zu befolgende Alltagsregeln festgehalten, die das Leben in den arabischen Ländern maßgeblich prägen.

Selbst die Küche, die regional starke Unterschiede aufweist, wird von diesen Vorschriften beeinflußt.

Fleisch, Geflügel und Fisch

»O Gläubige! Genießt von dem Guten, das wir euch zur Nahrung gaben, und dankt Allah dafür, wenn ihr ihn verehrt. Euch ist nur verboten: das, was verendet ist, und Blut und Schweinefleisch, und was nicht im Namen Allahs geschlachtet ist« (Koran, 2. Sure 173/174). Um dem göttlichen Willen zu genügen, schächten Muslime das Schlachtvieh, indem sie ihm »im Namen Allahs« die Kehle aufschneiden und es ausbluten lassen.

Den Arabern, den »Söhnen der Wüste«, sicherte ihre mobile Lebensform als viehzüchtende Nomaden früher ihre Existenz. In der lebensfeindlichen Wüste zogen sie mit ihren Herden und ihrem Hausrat von einer Wasserstelle zur nächsten. Auf ihren Dromedaren transportierten sie dabei im Auftrag von Kaufleuten Handelsgüter, insbesondere Gewürze, an deren Verkauf sie partizipierten. Die Viehherden waren gleichzeitig Hauptnahrungslieferant. Außer verschiedenen Gewürzen standen den Nomaden früher kaum weitere Zutaten zur Verfügung. Deshalb war Fleisch immer Hauptbestandteil der Mahlzeiten, höchstens ergänzt durch getrocknetes Obst und Hülsenfrüchte. Erst als die Araber auch fruchtbarere Landstriche, wie die Flußtäler des Euphrat und des Nil oder den Maghreb, erobert hatten, wurde ihre Küche um zahlreiche Zutaten, vor allem frisches Obst und Gemüse, reicher. Auch an Geflügel, insbesondere an Hühnern, fand man Geschmack, denn sie ließen sich relativ anspruchslos halten. Fisch standen die meisten Araber eher skeptisch gegenüber, denn im heißen Wüstenklima verdirbt er sehr schnell, weshalb er auch schlecht zu transportieren ist. Daher hat Fisch in der arabischen Küche traditionell nur in wenigen Regionen Bedeutung, nämlich nur dort, wo er frisch zur Verfügung steht: im Niltal, an der Mittelmeerküste, am Persischen Golf und an der Atlantikküste.

Arabischer Supermarkt: In den typischen kleinen Geschäften der Basare wird alles angeboten, was die Bevölkerung zum täglichen Leben braucht.

Reichhaltig ist das Angebot an einheimischen Gemüsesorten. Vor allem Auberginen sind eine preiswerte und beliebte Alltagskost; nicht ohne Grund nennt man sie »das Fleisch des armen Mannes«.

Obst und Gemüse

Datteln gelten zu Recht als »Brot der Wüste«: Schon seit etwa viertausend Jahren werden im arabischen Raum Dattelpalmen kultiviert. Die Nomaden konnten sich auf ihren Wanderungen oft wochenlang ausschließlich nur von ihnen ernähren. Deshalb werden sie beinahe schon fast mystisch verehrt: Allah soll bei der Erschaffung des Menschen aus zwei übriggebliebenen Lehmstücken das Kamel und die Dattelpalme geschaffen haben. Es gibt über hundert Dattelsorten, doch bei uns erhält man meistens nur getrocknete, feuchtklebrige Sorten, während die Araber die weniger süßen, trockeneren Sorten bevorzugen. Natürlich besteht die arabische Welt nicht nur aus Wüste, und in klimatisch günstigeren Regionen gedeihen zahlreiche Früchte: Trauben, Melonen, Zitrusfrüchte, Granatäpfel, Aprikosen und natürlich Feigen.

An Gemüsen werden fast sämtliche auch in Europa bekannten Sorten angebaut. Besonders Auberginen sind eine beliebte und preiswerte Alltagskost. Sie werden deshalb auch »Fleisch des armen Mannes« genannt und lassen sich auf die verschiedensten Arten zubereiten: scheibenweise in Olivenöl gebraten, mit anderem Gemüse geschmort oder zusammen mit Fleisch über Holzkohle gegrillt. Gefüllt sind sie, wie alle anderen Gemüsesorten von der Tomate bis zum Kürbis, ein Festessen, dessen Zubereitung etwas mehr Zeit erfordert. Die typische Füllung besteht aus Hackfleisch, Reis, Zwiebeln, Pinienkernen und Gewürzen. Tagsüber, wenn es sehr heiß ist, wird besonders gerne frisches, rohes Gemüse wie Tomaten, Gurken, Paprika und Zwiebeln gegessen, aber auch gekochtes oder gebratenes Gemüse wie Kartoffeln, Zucchini, Auberginen sowie Hülsenfrüchte, die mit reichlich Olivenöl, Zitrone, Kreuzkümmel und Salz als Salat angemacht werden.

ESSEN UND TRINKEN

Wegen der guten Lager- und Transporteigenschaften werden getrocknete Hülsenfrüchte auch in heißen Regionen angeboten. Darüber hinaus sind sie billig und nahrhaft und deshalb für die ärmere Bevölkerung ein wichtiges Nahrungsmittel.

Hülsenfrüchte

Getrocknete Hülsenfrüchte sind lange haltbar und lassen sich gut transportieren. Wegen ihres relativ niedrigen Preises bei gleichzeitig hohem Nährwert werden Hülsenfrüchte bevorzugt von der ärmeren Bevölkerung für sättigende Eintöpfe verwendet. Ful, dicke Bohnen in Olivenöl, eine ägyptische Spezialität, ist das bekannteste »Armeleuteessen«. Es wird aber auch von den Reichen nicht verschmäht.
Sehr beliebt sind Kichererbsen. Sie sind in fast allen Gerichten zu finden. Aus ihnen werden Falafel, kleine Frikadellen aus gewürztem Kichererbsenteig, zubereitet – eine vegetarische Spezialität aus Syrien und Jordanien. Die Frikadellen werden mit Tomaten und Sesamsauce in Fladenbrot gewickelt: Die Eiweißkombination von Kichererbsen, Sesam und Weizen ist ebenso wertvoll wie tierisches Eiweiß. Von den vergleichsweise preiswerten Falafel kann sich deshalb auch die ärmere Bevölkerung gesund und vollwertig ernähren. Eine andere Spezialität, Hummus bi-Tahina, das sind pürierte Kichererbsen mit Sesammus, liefert, mit Brot gegessen, die gleiche Eiweißkombination.

Brot, Kuskus und Bulgur

Ein preiswertes Grundnahrungsmittel für die meist nicht sehr kaufkräftige Bevölkerung ist Brot. Fast alle arabischen Staaten subventionieren Weizen, aus dessen Mehl Fladenbrote oder, wie in Marokko, Algerien und Tunesien, nach französischem Vorbild Baguettes gebacken werden. Brot wird zu jeder Mahlzeit gegessen, deshalb ist sein Preis ein wichtiges Politikum. Von ihm hängt die Beliebt-

heit oder auch Unbeliebtheit eines Politikers ab.
Weizen ist auch die Grundlage von Kuskus, dem berühmten Nationalgericht der nordafrikanischen Staaten: Tunesien, Algerien und Marokko.
Die Herstellung von Kuskus ist nicht ganz einfach: Der grob gemahlene Weizengrieß wird in einem aufwendigen Verfahren mit einer dünnen Mehlschicht überzogen, die verhindert, daß die Körnchen beim Garen zusammenkleben. Früher wurde diese Mehlschicht noch in mühevoller Handarbeit aufgebracht, heute gibt es dafür natürlich spezielle Maschinen. Nur in ländlichen Gebieten kann man, mit etwas Glück, die manuelle Herstellung von Kuskus noch beobachten.
Kuskus erhalten Sie bei uns in gut sortierten Supermärkten, Reformhäusern und Naturkostläden. Und so wird er zubereitet: Der Grieß wird zunächst mit Wasser angefeuchtet, damit er quellen kann. Sind die Körnchen etwa so groß wie Schrotkugeln, wird der Kuskus über Wasserdampf gegart. Dafür verwenden die Araber einen speziellen Topf mit einem passenden Aufsatz. In ihm wird der Kuskus über dem Eintopf, der gleichzeitig im unteren Teil des Topfes kocht, gedämpft.
Im Nahen Osten wird Weizen nicht zu Kuskus, sondern zu Bulgur verarbeitet. Bulgur besteht aus vorgekochtem, wieder getrocknetem und geschrotetem Weizen. Bulgur können Sie bei uns in jedem Reformhaus oder im Naturkostladen kaufen.
In den Wüstenstaaten der Arabischen Halbinsel wird zu fast allen Gerichten Reis serviert.

Gewürze

Der Gewürzhandel hat im arabischen Raum eine lange Tradition. Die Araber beherrschten einst den gesamten Gewürzhandel zwischen dem Orient und dem Okzident, und noch heute können Sie nirgendwo ein reicheres Gewürzangebot finden wie in den Basaren arabischer Städte: Gewürze sind die »Seele der arabischen Küche«. Großzügig wird mit Kreuzkümmel, Koriander, Kardamom, Pfeffer, Safran, Muskat, Zimt, Ingwer, Anis und vielem mehr gewürzt. Ihren typischen Geschmack erhalten arabische Gerichte aber oft erst durch die Zugabe von reichlich Olivenöl und Knoblauch, Nüssen, Sesam, Pinienkernen, Pfefferminze, Petersilie und Zitrone. Fleischgerichte werden gerne mit Joghurt übergossen und mit Sumak, leicht säuerlich schmeckenden, getrockneten Essigbaumbeeren, bestreut. Bekanntlich lieben Araber sehr scharf gewürzte Gerichte. Die Schärfe soll die Bildung von Magensäften zur besseren Verdauung anregen, bei Europäern bewirken die scharfen Speisen dagegen häufig kleine Katastrophen.

ESSEN UND TRINKEN

Auf den Basaren gibt es Gewürze in atemberaubender Vielfalt. Da Gewürze immer reichlich zur Verfügung standen und stehen, spielen sie in der arabischen Küche eine große Rolle.

ESSEN UND TRINKEN

Jedes arabische Land hat seine eigene Gewürzkombination. In der nordafrikanischen Küche ist das Harissa, eine Paste aus zerstampften Chilischoten, Knoblauch, Koriander, Kreuzkümmel, Olivenöl und Salz. Harissa können Sie inzwischen auch bei uns schon in einigen Supermärkten oder Spezialgeschäften bekommen.

Süßigkeiten

Arabische Naschereien sind extrem süß und schwer. Außerdem sind sie nicht gerade preiswert, da sie aus hochwertigen Zutaten wie Hasel- und Walnüssen, Mandeln, Pistazien und viel Honig bestehen. Ihre Zubereitung ist so aufwendig, daß kaum eine arabische Hausfrau sie selbst herstellt. Vielmehr werden sie zu besonderen Anlässen in Konditoreien (zum Beispiel an Feiertagen oder als Geschenk statt Blumen) gekauft.
Die Baklawa gehört zu den beliebtesten Süßspeisen. Sie wird vor allem in Konditoreien angeboten. Machmunia ist eine syrische Spezialität. Die süße Grießspeise gleicht der von Indien bis Griechenland bekannten Halva. Man ißt sie gerne mit Eischta, dicker Sahne aus Büffelmilch, die bei uns allerdings nicht erhältlich ist. Sie können stattdessen Crème fraîche, Schmand oder auch griechischen Joghurt verwenden.

Getränke

Der Koran verbietet den Alkoholgenuß, und so gibt es zum Essen meistens nur Wasser.
Das bei uns bekannteste Getränk des Orients, Kaffee (Kahwa), wird aus kleinen Mokkatassen hulwa (süß, mit einem Stück Zucker), madbuta (mäßig, mit einem halben Stück Zucker) oder murra (bitter, ohne Zucker) ge-

Datteln werden wegen ihres hohen Gehaltes an leicht verdaulichen Zuckerarten, Eiweiß, Mineralstoffen und Vitaminen auch »Brot der Wüste« genannt. Es gibt verschiedene Sorten, die sich im Geschmack zum Teil stark unterscheiden. Am bekanntesten sind bei uns die dunklen Datteln mit hellem Fruchtfleisch und relativ süßem Geschmack. Weniger süß, aber bei uns seltener zu finden, sind die gelben Sorten.

trunken. Für den Großteil der Bevölkerung ist Kaffee aber unerschwinglich, deshalb wird überall und zu jeder Zeit schwarzer Tee (Schai) angeboten. Er wird in kleinen Gläsern serviert, stark gesüßt und manchmal mit Anis, Kardamom oder Jasmin aromatisiert. Bei mindestens einem Glas Tee werden Geschäfte abgeschlossen, auch als Willkommenstrunk für Gäste ist er obligatorisch. In Marokko ist Schai Nana, stark gesüßter schwarzer Tee mit einem großen Bündel frischer Pfefferminzblätter, so etwas wie ein »Nationalgetränk«. Die Teehäuser haben eine wichtige soziale Funktion, denn hier trifft man sich mit Freunden und Verwandten, tauscht Neuigkeiten aus oder raucht nur gemütlich eine Wasserpfeife. Allerdings ist das Teehaus eine reine Männerdomäne, in die Frauen, das ist ein ungeschriebenes Gesetz, nie eindringen. Laban oder Ayran, mit Wasser verdünnter, leicht gesalzener Joghurt und der lakritzähnlich schmeckende Tamarindensaft werden als Erfrischungsgetränke angeboten. Heute können Sie natürlich auch schon an jeder Ecke süße Limonaden oder Cola kaufen – ein Angebot, das von der einheimischen Bevölkerung allerdings nur zögernd angenommen wird.

Reine Männerdomäne: In den Teehäusern werden Geschäfte geschlossen, Neuigkeiten ausgetauscht und Bekannte oder Freunde getroffen. Sie sind aber auch Ort der Entspannung, die man am besten beim Genuß der Wasserpfeife findet.

Eßgewohnheiten

Eine ausgeprägte Frühstückskultur gibt es nicht. Die Araber begnügen sich morgens oft nur mit etwas Obst oder Brot mit Tomaten, Schafkäse und Oliven. In Syrien wird gerne Dukha, eine Gewürzmischung aus Sesam, Nelken, Kreuzkümmel, Koriander und Haselnüssen, mit Fladenbrot und Olivenöl gegessen. In den Städten, wo der Tagesablauf später als auf dem Lande beginnt, liebt man statt des Frühstücks ein ausgiebiges, vorgezogenes Mittagessen aus leichten Speisen und kleinen Snacks (Mezze). Besonders an den vielen Falafelständen herrscht dann

ESSEN UND TRINKEN

Einer der zahlreichen Imbißstände: Hier werden Kichererbsenbällchen (Falafel), Sesammus (Tahina), Dicke Bohnen (Ful) und Salat angeboten, die man wahlweise auf einem Teller oder in einem Fladenbrot serviert bekommt.

großer Andrang. Da es über Mittag in der Regel sehr heiß ist, wird die Hauptmahlzeit auf den kühleren Abend verschoben. Als Zwischenmahlzeit gibt es nur etwas Salat oder Obst. Oft erst sehr spät am Abend, wenn die ganze Familie beisammen ist, wird die Hauptmahlzeit eingenommen. Dabei gibt es weder feste Essenszeiten noch starre Regeln, welches Gericht als Vorspeise, Beilage oder Hauptgericht serviert wird. Es ist üblich, sämtliche Gerichte auf einmal zu servieren, und was gestern noch Hauptgericht war, kann heute kalt als Beilage oder Vorspeise gereicht werden. Nach dem Essen werden gerne noch Sonnenblumenkerne geknabbert oder Obst gegessen. Dazu gibt es natürlich Tee. In vielen arabischen Familien ist es heute noch Sitte, daß die Frauen von den Männern getrennt essen. Oft dürfen die Frauen sogar erst nach den Männern speisen. Das strikte Einhalten des Fastenmonats Ramadan gehört zum Glaubensbekenntnis der Muslime. Einmal im Jahr darf einen ganzen Monat lang von Sonnenaufgang bis Sonnenuntergang weder gegessen noch getrunken werden. Die Nacht wird dann allerdings zum ausgiebigen Schlemmen genutzt. Viele Gerichte werden nur im Ramadan zubereitet, wie etwa Harira, eine bekannte marokkanische Suppe. Auch verschiedene Süßigkeiten und Brote, die nur im Ramadan zubereitet werden, entschädigen für das tägliche Fasten.

Gastfreundschaft und Tischsitten

Die legendäre arabische Gastfreundschaft und die uns eher unbekannten arabischen Tischsitten haben ihre Wurzeln im Islam. Für die Araber ist es eine heilige Pflicht, Fremde, Freunde und Verwandte als Gäste zu betrachten und sie, ohne Kosten und Mühen zu scheuen, zu verköstigen und zu beherbergen. Vor dem Essen werden die Hände gewaschen, so will es das Reinlichkeitsgebot. Zum Essen gruppiert man sich auf Kissen oder Teppichen am Boden um einen niedrigen Tisch oder eine Metallplatte. Die Nahrung wird als ein Geschenk Gottes betrachtet, deshalb darf erst mit dem Essen begonnen werden, wenn der Gastgeber mit den Worten »Bismillah« (im Namen Gottes) das Essen eröffnet. Jeder bedient sich selbst. Gegessen wird mit den Fingern, und zwar ausschließlich mit denen der rechten Hand; die linke gilt als unrein. Fladenbrotstücke werden zu einer kleinen Schaufel geformt und mit drei Fingern festgehalten: Sie ersetzen das Besteck. Es ist ein Gebot der Höflichkeit, von dem Gericht am meisten zu essen, das einem am nächsten steht. Der Gastgeber wird darauf achten, daß dies stets die in seinen Augen besten Speisen sind. Er beendet das Mahl mit den Worten »Alhamdu lillah« (gelobt sei Gott).

Arabisch kochen in Deutschland

In Deutschland ist die arabische Küche noch nahezu unbekannt. Viele kennen sie nur von ihrem Urlaub in Tunesien, Marokko oder Ägypten. In Frankreich hingegen hat sie sich unter dem Einfluß vieler dort lebender Nordafrikaner bereits etabliert. Aus diesem Grund ist dort das Angebot an arabischen Produkten sehr reichhaltig. Bei uns sind die Zutaten nicht immer erhältlich, deshalb wurden die Rezepte so gewählt, daß sie alles ohne Probleme bekommen können. Nur ganz wenige spezielle Zutaten gibt es ausschließlich in arabischen, türkischen oder auch griechischen Fachgeschäften (zum Beispiel Harissa und Kuskus), manchmal allerdings auch in guten Reformhäusern und Naturkostläden (zum Beispiel Kuskus, Bulgur und Sesammus). Betrachten Sie die folgende Rezeptauswahl nicht als starre Kochanleitung, sondern wandeln Sie diese nach eigenem Geschmack phantasievoll ab. Lammfleisch kann, wenn Sie es nicht mögen, durch Rind- oder Kalbfleisch ersetzt werden, und viele Fleisch- und Geflügelgerichte sind auch mit Fisch zubereitet denkbar. Variieren Sie die Gemüseauswahl. Es gehört zur arabischen Küchentradition, zu improvisieren und nur die Zutaten zu verwenden, die gerade auf dem Markt angeboten werden. Das ist auch bei uns nicht schwierig, denn die Auswahl an frischen Früchten und Gemüsen ist vielfältig.

Fast alle Rezepte wurden für vier Personen berechnet, wobei nach arabischer Sitte die Portionen sehr großzügig bemessen sind.

Ein beliebter Imbiß sind Fladenbrote, die mit Falafel, den pikanten Kichererbsenbällchen, und Tomaten- und Gurkenstücken gefüllt werden.

SCHURBAT – SUPPEN

Ramadan-suppe
Harira

Im Fastenmonat Ramadan darf zwischen Sonnenauf- und Sonnenuntergang nichts gegessen werden. Diese Suppe eröffnet das Menü am Abend.

Zutaten für 4–6 Personen:
100 g Kichererbsen
100 g rote Linsen
1 große Kartoffel · 1 Möhre
1 Stange Staudensellerie
2 mittelgroße Zwiebeln
3 Knoblauchzehen
250 g Rindfleisch
5 EBl. Olivenöl
1 1/2 l Fleischbrühe (Instant)
2 große Fleischtomaten
1 Bund Petersilie
60 g Reis
Saft von 1 Zitrone
1/2 Teel. Harissa (türkisches Lebensmittelgeschäft)
1 Teel. gemahlener Kreuzkümmel
1 Teel. gemahlener Koriander
1/2 Teel. Gelbwurzpulver (Kurkuma)
1/2 Teel. Ingwerpulver
1 EBl. Speisestärke
schwarzer Pfeffer, frisch gemahlen
Salz

Spezialität aus Marokko

Bei 6 Personen pro Portion etwa:
1700 kJ/400 kcal
19 g Eiweiß · 22 g Fett
35 g Kohlenhydrate

- Einweichzeit: etwa 12 Stunden
- Zubereitungszeit: etwa 2 Stunden

1. Die Kichererbsen in reichlich Wasser etwa 12 Stunden einweichen. Danach in ein Sieb abgießen und abtropfen lassen.

2. Die Linsen verlesen und waschen. Die Kartoffel und die Möhre waschen und schälen. Den Sellerie waschen und putzen. Die Kartoffel in kleine Würfel, die Möhre in Scheiben und den Sellerie quer in feine Streifen schneiden. Die Zwiebeln schälen und fein hacken. Den Knoblauch schälen.

3. Das Fleisch kalt abspülen, trockentupfen und in kleine Würfel schneiden. Das Olivenöl in einem großen Topf erhitzen und darin das Fleisch mit den Zwiebeln bei mittlerer Hitze etwa 3 Minuten anbraten.

4. Den Knoblauch durch die Presse dazudrücken. Die Kartoffeln, die Möhre und den Sellerie dazugeben, kurz mitbraten und mit der Fleischbrühe ablöschen. Die Kichererbsen und die Linsen dazugeben und alles zugedeckt etwa 1 Stunde bei schwacher Hitze köcheln lassen. Zwischendurch den entstehenden Schaum abschöpfen.

5. In der Zwischenzeit die Tomaten mit kochendem Wasser überbrühen, häuten, von den Stielansätzen befreien und mit dem Pürierstab oder im Mixer pürieren. Die Petersilie waschen, trockenschütteln und ohne die groben Stiele fein hacken.

6. Nach 1 Stunde Kochzeit das Tomatenpüree, die Petersilie, den Reis, den Zitronensaft, die Harissa und die Gewürze in die Suppe geben, gut umrühren und alles zugedeckt in etwa 20 Minuten fertiggaren.

7. Die Speisestärke mit etwas kaltem Wasser anrühren und unter Rühren in die Suppe geben. Das Gericht mit Pfeffer und Salz abschmecken und mit Fladenbrot oder Baguette servieren.

Tip!
In einer angebrochenen Dose hält sich die Harissa nicht lange. Füllen Sie sie deshalb in ein Glas mit Schraubverschluß um und bedecken Sie sie vollständig mit Olivenöl. Das Öl schließt die Harissa luftdicht ab und konserviert sie für längere Zeit.

Die Ramadansuppe, eine gehaltvolle Gemüsesuppe, bildet den kulinarischen Auftakt für das abendliche Menü nach einem langen Fastentag.

SCHURBAT – SUPPEN

Lammsuppe

Fata

Siebzig Tage nach dem Ramadan ist es üblich, ein Lamm zu opfern und das Fleisch an Arme zu verteilen. Für sich selbst kocht der Spender aus den Fleisch- und Knochenresten diese Suppe.

Zutaten für 4 Personen:
1 1/2 l Fleischbrühe
750 g durchwachsenes Lammfleisch aus der Schulter
60 g Reis
8 Scheiben Weißbrot
6–8 Knoblauchzehen
50 g Butter
3 Eßl. Essig
1 Bund Petersilie
schwarzer Pfeffer, frisch gemahlen
Salz

Spezialität aus Ägypten

Pro Portion etwa:
3100 kJ/740 kcal
40 g Eiweiß · 48 g Fett
34 g Kohlenhydrate

• Zubereitungszeit: etwa 2 Stunden

1. Die Fleischbrühe zum Kochen bringen. Das Fleisch kalt abspülen, trockentupfen und in etwa 2 cm große Würfel schneiden. Die Fleischwürfel in die Brühe geben und zugedeckt etwa 1 1/2 Stunden bei mittlerer Hitze kochen lassen. Zwischendurch den aufsteigenden Schaum abschöpfen.

2. Nach 1 1/2 Stunden Kochzeit den Reis in die Suppe geben. Alles in etwa 20 Minuten fertiggaren, bis der Reis weich ist.

3. Das Weißbrot im Toaster toasten und in Würfel schneiden. Den Knoblauch schälen.

4. Die Butter in einer Pfanne zerlassen, den Knoblauch durch die Presse dazudrücken und bei schwacher Hitze etwa 2 Minuten dünsten. Den Essig dazugeben und die Pfanne vom Herd nehmen. Die Toastwürfel in die Knoblauch-Essig-Mischung geben und alles gut mischen, den Pfanneninhalt auf vier Suppenteller verteilen.

5. Die Petersilie waschen, trockenschütteln und ohne die groben Stiele fein hacken. Die Suppe mit Pfeffer und Salz würzen, auf die Teller verteilen und mit der Petersilie bestreuen.

Spinat-Joghurt-Suppe

Labaneja

Zutaten für 4 Personen:
500 g frischer Blattspinat
(ersatzweise 300 g tiefgekühlter)
1 mittelgroße Zwiebel
3 Eßl. Olivenöl · 120 g Reis
600 g Joghurt (4 Becher)
3 Knoblauchzehen
Salz
weißer Pfeffer, frisch gemahlen

Vegetarisch

Pro Portion etwa:
840 kJ/200 kcal
6 g Eiweiß · 9 g Fett
25 g Kohlenhydrate

• Zubereitungszeit: etwa 30 Minuten

1. Den frischen Spinat waschen, verlesen und kleinschneiden (den tiefgekühlten Spinat in ein Sieb geben, auftauen und abtropfen lassen und dann ebenfalls kleinschneiden).

2. Die Zwiebel schälen und fein hacken. Das Olivenöl in einem großen Topf erhitzen und die Zwiebel darin bei schwacher Hitze in etwa 3 Minuten glasig dünsten. Den Spinat und den Reis dazugeben, 1 l Wasser angießen und alles zugedeckt bei mittlerer Hitze etwa 20 Minuten kochen lassen, bis der Reis weich ist.

3. In der Zwischenzeit den Joghurt in eine Schüssel geben. Den Knoblauch schälen und durch die Knoblauchpresse dazudrücken. Mit Salz und Pfeffer würzen und alles gut verrühren.

4. Wenn der Reis weich ist, den Topf vom Herd nehmen und die Joghurt-Knoblauch-Mischung unter die Suppe rühren. Die Suppe darf nicht mehr kochen, da der Joghurt sonst gerinnt. Das Gericht mit Pfeffer und Salz abschmecken.

Im Bild vorne: Spinat-Joghurt-Suppe
Im Bild hinten: Lammsuppe

SCHURBAT – SUPPEN

Lammspieße

Schisch Kebab

Diese Spieße werden auf dem Holzkohlengrill zubereitet. Sie können die Spieße natürlich auch unter dem Elektrogrill oder in der Pfanne garen.

Zutaten für 4 Spieße:
500 g Lammfilet · 100 ml Olivenöl
Saft von 1 Zitrone
2 Teel. getrockneter Oregano
4 Knoblauchzehen · Salz
schwarzer Pfeffer, frisch gemahlen
4 mittelgroße Zwiebeln
3 feste mittelgroße Tomaten
2 Teel. gemahlener Kreuzkümmel

Gelingt leicht

Pro Portion etwa:
2070 kJ/490 kcal
43 g Eiweiß · 32 g Fett
8 g Kohlenhydrate

- Marinierzeit: mindestens 3 Stunden
- Zubereitungszeit: etwa 45 Minuten

1. Das Fleisch kalt abspülen, trockentupfen und in 20 gleich große Würfel schneiden. Das Olivenöl, den Zitronensaft und den Oregano verrühren. Den Knoblauch schälen und durch die Knoblauchpresse dazudrücken. Das Fleisch dazugeben, gut umrühren und mit Salz und Pfeffer kräftig würzen. Zugedeckt mindestens 3 Stunden im Kühlschrank marinieren lassen.

2. Die Zwiebeln schälen und vierteln. Die Tomaten waschen und vierteln, dabei die Stielansätze entfernen.

3. Das Fleisch im Wechsel mit den Zwiebeln und den Tomaten auf vier lange Spieße stecken, mit der Marinade bestreichen und unter dem elektrischen Grill in etwa 15 Minuten garen. Die Spieße nach der Hälfte der Zeit wenden und nochmals mit Marinade bestreichen.

4. Die fertigen Spieße mit dem Kreuzkümmel bestreuen und auf kleingeschnittenem Fladenbrot oder Reis servieren. Dazu paßt ein bunter Blattsalat.

Hackfleischspieße

Schisch Kufta

Zutaten für 24 Spieße:
2 mittelgroße Zwiebeln
3–4 Knoblauchzehen
1 Bund Petersilie
7–8 Eßl. Olivenöl
750 g Lamm- oder Rinderhackfleisch
1/2 Teel. Harissa (türkisches Lebensmittelgeschäft)
2 Teel. gemahlener Kreuzkümmel
1 Teel. gemahlener Koriander
1/2 Teel. gemahlener Zimt
Salz
schwarzer Pfeffer, frisch gemahlen

Schnell • Preiswert

Bei 24 Spießen pro Stück etwa:
460 kJ/110 kcal
7 g Eiweiß · 9 g Fett
1 g Kohlenhydrate

- Zubereitungszeit: etwa 40 Minuten

1. Die Zwiebeln und den Knoblauch schälen und fein hacken. Die Petersilie waschen, trockenschütteln und ohne die groben Stiele fein hacken.

2. 2 Eßlöffel Olivenöl in einer Pfanne erhitzen, die Zwiebeln und den Knoblauch darin bei schwacher Hitze glasig dünsten.

3. Das Hackfleisch in eine große Schüssel geben, die Petersilie, die Harissa, die Gewürze, die Zwiebeln und 2 Eßlöffel Öl dazugeben. Alles mit den Händen gut vermischen und den Hackfleischteig mit Salz und Pfeffer würzen.

4. Von der Masse 24 gleiche Teile abnehmen. Jeden Teil mit feuchten Händen um einen Holzspieß zu einer etwa fingerlangen Rolle formen.

5. Das restliche Olivenöl in einer weiten Pfanne erhitzen und die Spieße darin bei mittlerer Hitze von allen Seiten in 5–7 Minuten goldbraun braten.

Tip!

Wenn's schnell gehen soll, lassen Sie die Spieße einfach weg, formen den Teig zu fingerlangen Rollen und braten diese im heißen Fett.

Im Bild rechts: Hackfleischspieße
Im Bild links: Lammspieße

LUHUM – FLEISCH

Hackfleisch-Bulgur-Bällchen

Kibbeh Maschia

Kibbeh ist das syrische und libanesische Nationalgericht. Der Teig aus Hackfleisch und Bulgur wird in allen nur erdenklichen Variationen zubereitet.

Zutaten für etwa 20 Bällchen:
200 g Bulgur
(Reformhaus oder Naturkostladen)
2 mittelgroße Zwiebeln
500 g Lamm- oder Rinderhackfleisch
1 Teel. gemahlener Piment
1 Teel. Paprikapulver, edelsüß
Salz
schwarzer Pfeffer, frisch gemahlen
2 Eßl. Butter
1/2 Teel. gemahlener Zimt
50 g Pinienkerne
Öl zum Fritieren

Braucht etwas Zeit

Bei 20 Bällchen pro Stück etwa:
660 kJ/160 kcal
7 g Eiweiß · 11 g Fett
8 g Kohlenhydrate

- Zubereitungszeit: etwa 1 1/2 Stunden

1. Den Bulgur in eine Schüssel geben, mit kochendem Wasser bedecken und etwa 10 Minuten quellen lassen. In der Zwischenzeit die Zwiebeln schälen und fein hacken.

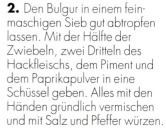

2. Den Bulgur in einem feinmaschigen Sieb gut abtropfen lassen. Mit der Hälfte der Zwiebeln, zwei Dritteln des Hackfleischs, dem Piment und dem Paprikapulver in eine Schüssel geben. Alles mit den Händen gründlich vermischen und mit Salz und Pfeffer würzen.

3. Für die Füllung die Butter zerlassen und die restlichen Zwiebeln und das restliche Hackfleisch darin bei mittlerer Hitze etwa 5 Minuten anbraten. Mit dem Zimt, Pfeffer und Salz würzen, gut verrühren und beiseite stellen. Die Pinienkerne in einer trockenen Pfanne ohne Fett goldbraun rösten. Unter das Hackfleisch mischen.

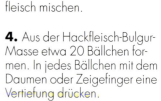

4. Aus der Hackfleisch-Bulgur-Masse etwa 20 Bällchen formen. In jedes Bällchen mit dem Daumen oder Zeigefinger eine Vertiefung drücken.

5. Die Hände mit Wasser anfeuchten und die Vertiefung mit einem Finger jeweils vorsichtig so weit ausformen, daß ein etwa pflaumengroßer Hohlraum entsteht.

6. Von der Hackfleischfüllung pro Bällchen 1 Eßlöffel abnehmen und in den Hohlraum füllen.

7. Den Hohlraum schließen. Dafür die Kanten mit Wasser befeuchten und über der Füllung zusammendrücken. Dabei darauf achten, daß in der Teighülle keine Risse oder Löcher entstehen. Die Bällchen sollten die Form einer Birne haben.

8. Das Öl in einer Friteuse oder einem Fritiertopf auf mittlerer Stufe erhitzen und die gefüllten Bällchen darin in 5–10 Minuten dunkelbraun ausbacken. Herausnehmen, auf Küchenpapier gut abtropfen lassen und warm oder kalt servieren. Dazu passen ein gemischter Salat und Fladenbrot.

Variante:
Hackfleisch-Bulgur-Pastete
Kibbeh bi-Sania

Die Hälfte des Hackfleisch-Bulgur-Teigs auf den Boden einer gefetteten Springform drücken. Die Hackfleisch-Zwiebel-Pinienkern-Füllung darüber verteilen. Die restliche Teigmasse darauf glattstreichen. 5 Eßlöffel Olivenöl darüber träufeln und die Pastete im vorgeheizten Ofen (Mitte) bei 200° in etwa 45 Minuten garen. Dazu schmeckt Sahnejoghurt.

Hackbraten mit Kartoffeln

Kufta bi-Sanija ma'a Batata

Zutaten für 4 Personen:
2 mittelgroße Zwiebeln
4 Eßl. Olivenöl
500 g Lamm- oder Rinderhackfleisch
3–4 Knoblauchzehen
3 Teel. gemahlener Kreuzkümmel
Salz
schwarzer Pfeffer, frisch gemahlen
3 große mehligkochende Kartoffeln
500 g Tomaten
2 Teel. gemahlener Koriander

Gelingt leicht

Pro Portion etwa:
2000 kJ/480 kcal
26 g Eiweiß · 33 g Fett
19 g Kohlenhydrate

- Zubereitungszeit: etwa 1 1/2 Stunden.

1. Die Zwiebeln schälen und fein hacken. 2 Eßlöffel Öl in einer Pfanne erhitzen und die Zwiebeln darin bei schwacher Hitze glasig dünsten. Das Hackfleisch in eine große Schüssel geben, den Knoblauch schälen und durch die Knoblauchpresse dazudrücken. Die Zwiebeln und 2 Teelöffel Kreuzkümmel dazugeben und alles gut vermengen. Den Hackfleischteig mit Salz und Pfeffer kräftig würzen.

2. Eine große feuerfeste Form mit dem restlichen Olivenöl einfetten. Die Hackfleischmischung in die Form geben und glattstreichen.

3. Den Backofen auf 180° vorheizen. Die Kartoffeln waschen, schälen und in sehr dünne Scheiben schneiden. Die Kartoffelscheiben dachziegelartig über dem Hackfleisch anordnen.

4. Die Tomaten mit kochendem Wasser überbrühen, häuten und von den Stielansätzen befreien. Mit dem restlichen Kreuzkümmel und dem Koriander im Mixer oder mit dem Pürierstab pürieren. Das Püree über den Kartoffeln verteilen.

5. Den Braten im Backofen (Mitte) in etwa 45 Minuten garen. Heiß in der Form servieren. Dazu paßt Fladenbrot oder Reis.

Gewürzte Lammkoteletts

Charuf bi-Baharat

Zutaten für 4 Personen:
4 mittelgroße Zwiebeln
4–5 Knoblauchzehen
5 Eßl. Olivenöl
8 Lammkoteletts
3 Eßl. Tomatenmark
2 Eßl. Sumak (getrocknete Essigbaumbeeren, türkisches Lebensmittelgeschäft)
2 Teel. gemahlener Kreuzkümmel
1 Teel. Paprikapulver, edelsüß
Salz
schwarzer Pfeffer, frisch gemahlen

Für Gäste

Pro Portion etwa:
3000 kJ/710 kcal
26 g Eiweiß · 60 g Fett
11 g Kohlenhydrate

- Zubereitungszeit: etwa 1 Stunde

1. Die Zwiebeln schälen und in Ringe schneiden. Den Knoblauch schälen und durch die Presse drücken.

2. Das Olivenöl in einer großen Pfanne erhitzen und die Lammkoteletts darin portionsweise von beiden Seiten in 5–7 Minuten knusprig braten.

3. Die Koteletts aus der Pfanne nehmen und im verbliebenen Öl die Zwiebeln und den Knoblauch goldgelb braten. Falls nötig, noch etwas Öl dazugeben.

4. Das Tomatenmark und die Gewürze hinzufügen. Unter Rühren 150 ml Wasser dazugießen und aufkochen lassen. Die Sauce mit Salz und Pfeffer abschmecken. Die Koteletts in die Sauce geben und bei schwacher Hitze in 2–3 Minuten erwärmen.

Im Bild vorne:
Hackbraten mit Kartoffeln
Im Bild hinten:
Gewürzte Lammkoteletts

Lammtopf mit Aprikosen

Tagine Mischmischia

Tagine (sprich Tadschin), so werden die bekannten Schmortöpfe der marokkanischen Küche genannt, nach dem speziellen Tontopf, in dem sie gegart werden.

Zutaten für 4 Personen:
250 g getrocknete Aprikosen
50 g Rosinen
800 g Lammfleisch aus der Schulter
2 Zwiebeln · 5 EßI. Olivenöl
1 Teel. gemahlener Koriander
1/2 Teel. gemahlener Zimt
1/2 Teel. Ingwerpulver
1/4 Teel. zerstoßene Nelken
1 Teel. Rosenwasser (Asienladen)
Salz
schwarzer Pfeffer, frisch gemahlen

Raffiniert

Pro Portion etwa:
3300 kJ/790 kcal
40 g Eiweiß · 49 g Fett
45 g Kohlenhydrate

- Einweichzeit: etwa 12 Stunden
- Zubereitungszeit: etwa 1 Stunde

1. Die Aprikosen ganz lassen oder halbieren und in eine kleine Schüssel geben, mit Wasser bedecken und zugedeckt etwa 12 Stunden in den Kühlschrank stellen.

2. Die Rosinen waschen und abtropfen lassen. Das Fleisch kalt abspülen, trockentupfen und in mundgerechte Würfel schneiden. Die Zwiebeln schälen und fein hacken. Das Olivenöl in einem großen Topf erhitzen und das Fleisch und die Zwiebeln darin bei mittlerer Hitze etwa 5 Minuten anbraten. Dabei immer wieder umrühren.

3. Die Aprikosen mit dem Einweichwasser, die Rosinen, den Koriander, den Zimt, den Ingwer und die Nelken dazugeben. Soviel Wasser dazugeben, daß alles knapp bedeckt ist. Zugedeckt bei schwacher Hitze etwa 45 Minuten schmoren lassen.

4. Das Gericht vor dem Servieren mit dem Rosenwasser parfümieren und mit Salz und Pfeffer abschmecken. Dazu paßt am besten Reis.

Geschmortes Rindfleisch mit Zucchini

Tagine Kusa

Zutaten für 4 Personen:
50 g Kichererbsen
500 g Rindfleisch aus der Schulter
2 mittelgroße Zwiebeln
6–8 Knoblauchzehen
1 kg Zucchini · 4 EßI. Olivenöl
4 EßI. Tomatenmark
1/2 Teel. Harissa (türkisches Lebensmittelgeschäft)
2 Teel. gemahlener Kreuzkümmel
1 Teel. gemahlener Koriander
2 Teel. gekörnte Brühe
1/2 Bund Petersilie

Spezialität aus Marokko

Pro Portion etwa:
2700 kJ/640 kcal
43 g Eiweiß · 47 g Fett
14 g Kohlenhydrate

- Einweichzeit: etwa 12 Stunden
- Zubereitungszeit: etwa 1 1/2 Stunden

1. Die Kichererbsen etwa 12 Stunden in reichlich Wasser einweichen. Dann in ein Sieb abgießen und abtropfen lassen.

2. Das Fleisch kalt abspülen, trockentupfen und in mundgerechte Würfel schneiden. Die Zwiebeln schälen und fein hacken. Den Knoblauch schälen. Die Zucchini waschen, von den Stiel- und Blütenansätzen befreien und in etwa 2 cm dicke Scheiben schneiden.

3. Das Olivenöl in einem großen Topf erhitzen und das Fleisch darin etwa 5 Minuten bei mittlerer Hitze anbraten. Die Zwiebeln, die Knoblauchzehen und die Zucchini dazugeben und etwa 5 Minuten mitbraten. Das Tomatenmark und die Harissa unterrühren. Soviel Wasser dazugießen, daß der Topfinhalt knapp bedeckt ist. Den Kreuzkümmel, den Koriander, die gekörnte Brühe und die Kichererbsen unterrühren.

4. Alles zugedeckt bei schwacher Hitze 45 Minuten schmoren lassen. Die Petersilie waschen, trockenschütteln und ohne die groben Stiele fein hacken. Kurz vor dem Servieren unter das Rindfleisch rühren.

Im Bild vorne:
Geschmortes Rindfleisch mit Zucchini
Im Bild hinten: Lammtopf mit Aprikosen

LUHUM – FLEISCH

Hähnchentopf mit Mandeln

Tagine Dadschadsch

Zutaten für 4 Personen:
150 g Kichererbsen
1 Brathähnchen (etwa 1,5 kg)
150 g Mandeln
3 mittelgroße Zwiebeln
150 g Backpflaumen, ohne Stein
100 g Rosinen
1 Teel. Paprikapulver, edelsüß
1 Teel. Ingwerpulver
1/2 Teel. Gelbwurzpulver (Kurkuma)
1/2 Teel. gemahlener Zimt
schwarzer Pfeffer, frisch gemahlen
Salz

Spezialität aus Marokko

Pro Portion etwa:
3500 kJ/830 kcal
68 g Eiweiß · 36 g Fett
61 g Kohlenhydrate

- Einweichzeit: etwa 12 Stunden
- Zubereitungszeit: etwa 2 Stunden

1. Die Kichererbsen in reichlich Wasser etwa 12 Stunden einweichen. Dann in ein Sieb abgießen und abtropfen lassen.

2. Das Hähnchen ausnehmen, außen und innen gründlich waschen und trockentupfen. In acht Teile zerlegen und in einen großen Topf legen. (Die Innereien werden nicht verwendet.) Die Kichererbsen dazugeben. Soviel Wasser angießen, daß die Hähnchenteile knapp bedeckt sind. Zugedeckt bei schwacher Hitze etwa 30 Minuten kochen lassen. Den aufsteigenden Schaum abschöpfen.

3. Die Mandeln mit kochendem Wasser überbrühen, kalt abschrecken und häuten. Die Zwiebeln schälen und in feine Ringe schneiden. Die Rosinen waschen und abtropfen lassen.

4. Die Mandeln, die Zwiebeln, die Backpflaumen und die Rosinen zu den Hähnchenteilen in den Topf geben. Die Gewürze einrühren und alles zugedeckt bei schwacher Hitze in etwa 30 Minuten fertiggaren. Mit Pfeffer und Salz würzen.

Huhn mit Oliven

Dadschadsch ma'a Zaitun

Zutaten für 4 Personen:
1 Brathähnchen (etwa 1,5 kg)
4 Eßl. Olivenöl
3 mittelgroße Zwiebeln
3 Knoblauchzehen
250 g schwarze oder grüne Oliven, ohne Stein
2 Teel. Paprikapulver, edelsüß
2 Teel. gemahlener Kreuzkümmel
1 Teel. gemahlener Koriander
1/2 Teel. Ingwerpulver
Saft von 1 Zitrone
schwarzer Pfeffer, frisch gemahlen
Salz

Aus der Küche der Golfstaaten

Pro Portion etwa:
2800 kJ/670 kcal
54 g Eiweiß · 47 g Fett
8 g Kohlenhydrate

- Zubereitungszeit: etwa 1 1/2 Stunden

1. Das Hähnchen ausnehmen, außen und innen gründlich waschen, trockentupfen und in acht Teile zerlegen. Das Olivenöl in einem großen Topf erhitzen und die Hähnchenteile darin portionsweise bei mittlerer Hitze von allen Seiten goldbraun braten. Alle Hähnchenteile in den Topf geben, mit 3/4 l Wasser übergießen und zugedeckt bei schwacher Hitze etwa 30 Minuten leise köcheln lassen.

2. In der Zwischenzeit die Innereien waschen, trockentupfen und fein hacken. Die Zwiebeln schälen und in feine Ringe schneiden. Den Knoblauch schälen.

3. Die Innereien und die Zwiebeln zu den Hähnchenteilen geben. Den Knoblauch durch die Presse dazudrücken. Die Oliven, die Gewürze und den Zitronensaft hinzufügen. Alles gut verrühren und in etwa 30 Minuten bei schwacher Hitze fertiggaren. Das Gericht mit Pfeffer und Salz abschmecken. Dazu schmeckt Reis oder Kuskus.

Im Bild vorne: Huhn mit Oliven
Im Bild hinten:
Hähnchentopf mit Mandeln

LUHUM – FLEISCH

LUHUM – FLEISCH

Gefülltes Hähnchen

Dadschadsch Mahschi

In den arabischen Golfstaaten, wo es in der Regel an Geld nicht mangelt, liebt man es, zu besonderen Anlässen viele Gäste zu laden und gefüllte Hühner, gefüllte Lämmer, ja sogar ganze gefüllte Kamele zu servieren!

Zutaten für 4 Personen:
1 Brathähnchen (etwa 1,5 kg)
1/2 Teel. Gelbwurzpulver (Kurkuma)
Salz
75 g Langkornreis
50 g Mandeln
1 kleine Zwiebel
5 Eßl. Olivenöl
150 g Lamm- oder Rinderhackfleisch
30 g Pinienkerne
1 Teel. Paprikapulver, edelsüß
1 Teel. Sumak (getrocknete Essigbaumbeeren, türkisches Lebensmittelgeschäft)
1 Teel. gemahlener Kreuzkümmel
1/2 Teel. gemahlener Koriander
1/4 Teel. gemahlene Nelken
schwarzer Pfeffer, frisch gemahlen

Braucht etwas Zeit

Pro Portion etwa:
3000 kJ/710 kcal
65 g Eiweiß · 43 g Fett
17 g Kohlenhydrate

- Zubereitungszeit: etwa 2 1/2 Stunden

1. Das Hähnchen ausnehmen, außen und innen gründlich waschen und trockentupfen. Die Innereien beiseite legen.

2. 150 ml Wasser mit dem Gelbwurzpulver und 1/2 Teelöffel Salz in einen Topf geben, aufkochen lassen. Den Reis dazugeben und zugedeckt bei schwacher Hitze etwa 20 Minuten quellen lassen, bis der Reis weich ist.

3. In der Zwischenzeit die Mandeln mit kochendem Wasser überbrühen, kalt abschrecken und häuten. Die Zwiebel schälen und fein hacken. Die Innereien ebenfalls fein hacken.

4. Den Backofen auf 200° vorheizen. 3 Eßlöffel Olivenöl in einer Pfanne erhitzen und darin das Hackfleisch, die Zwiebel und die Innereien etwa 5 Minuten bei mittlerer Hitze anbraten. Die Pfanne vom Herd nehmen.

5. Den Reis, die Mandeln, die Pinienkerne und die Gewürze in der Pfanne mit dem Hackfleisch gut vermischen und die Masse mit Pfeffer und Salz abschmecken.

Tip!
Im Nildelta bevorzugt man gefüllte Täubchen, die auf dieselbe Art zubereitet werden wie das gefüllte Huhn. Sie werden auf einer großen Platte mit Safranreis dekorativ angerichtet und vor allem bei großen Festessen serviert.

6. Die Hackfleisch-Reis-Mischung in das Hähnchen füllen und die Öffnung mit Rouladennadeln oder Zahnstochern schließen oder mit Küchengarn zunähen.

7. Das Hähnchen in eine feuerfeste Form legen, mit dem restlichen Olivenöl bestreichen und im Backofen (unten) in etwa 50 Minuten goldbraun braten.

8. Das fertige Hähnchen in der Mitte aufschneiden und servieren. Erst bei Tisch portionsgerecht zerlegen.

CHUDAR – GEMÜSE

Gurke mit Joghurt

Laban bi-Khijar

Diese erfrischende Vorspeise oder Beilage ist die arabische Variante des etwas gehaltvolleren griechischen Tzatziki.

Zutaten für 4 Personen:
1 mittelgroße Salatgurke
750 g Joghurt (5 Becher) · Salz
3–4 Knoblauchzehen
1 EßI. frische gehackte Pfefferminze (ersatzweise 1 Teel. getrocknete)

Gelingt leicht

Pro Portion etwa:
560 kJ/130 kcal
7 g Eiweiß · 7 g Fett
11 g Kohlenhydrate

- Zubereitungszeit: etwa 15 Minuten
- Ruhezeit: mindestens 3 Stunden

1. Die Salatgurke schälen, auf der groben Seite einer Rohkostreibe in eine mittelgroße Schüssel raspeln. Die Gurkenraspel gut ausdrücken. Den Joghurt dazugeben und unterrühren. Mit Salz würzen.

2. Den Knoblauch schälen, durch die Knoblauchpresse in den Joghurt drücken, alles gut verrühren und im Kühlschrank mindestens 3 Stunden durchziehen lassen.

3. Den Joghurt in kleine Schälchen füllen, mit der Pfefferminze bestreuen und servieren.

Tomatensalat

Salatat Banadura

Zutaten für 4 Personen:
2 Knoblauchzehen
5 EßI. Olivenöl · Saft von 1 Zitrone
2–3 Teel. gemahlener Kreuzkümmel
schwarzer Pfeffer, frisch gemahlen
Salz
750 g Tomaten
1 Gemüsezwiebel
1 Bund Petersilie

Schnell

Pro Portion etwa:
650 kJ/150 kcal
2 g Eiweiß · 13 g Fett
8 g Kohlenhydrate

- Zubereitungszeit: etwa 20 Minuten

1. Den Knoblauch schälen und durch die Knoblauchpresse in eine große Schüssel drücken. Das Olivenöl, den Zitronensaft und den Kreuzkümmel dazugeben und alles gut verrühren. Die Salatsauce mit Pfeffer und Salz abschmecken.

2. Die Tomaten waschen und in Achtel oder in Würfel schneiden, dabei die Stielansätze entfernen. Die Zwiebel schälen, halbieren und in dünne Ringe schneiden. Die Petersilie waschen, trockenschütteln und ohne die groben Stiele fein hacken.

3. Die Tomaten und Zwiebelringe zu der Salatsauce geben und alles vorsichtig durchrühren. Den Tomatensalat mit der gehackten Petersilie bestreuen.

Tip!

Sie können den Tomatensalat natürlich auch noch mit anderem Salatgemüse kombinieren: kleingeschnittene Gurkenstücke, in Streifen geschnittene bunte Paprikaschoten, Peperoni und Eisbergsalat schmecken gut dazu. Oliven, Schafkäse und gehackte frische Pfefferminzblätter sorgen für Würze. Die Salatsauce können Sie auch für Salate aus gekochten Kartoffeln, Blumenkohl, Kichererbsen oder Linsen verwenden.

Bild oben: Gurke mit Joghurt
Bild unten: Tomatensalat

CHUDAR – GEMÜSE

Grüne Bohnen mit Tomaten

Fasulija Khudra bi-Banadura

Zutaten für 4 Personen:
750 g frische grüne Bohnen
500 g Tomaten
2 mittelgroße Zwiebeln
5 EßI. Olivenöl
1 Teel. gemahlener Kreuzkümmel
1/2 Teel. gemahlener Koriander
Salz
2–3 Knoblauchzehen
schwarzer Pfeffer, frisch gemahlen

Gelingt leicht

Pro Portion etwa:
880 kJ/210 kcal
6 g Eiweiß · 13 g Fett
16 g Kohlenhydrate

- Zubereitungszeit: etwa 1 Stunde

1. Die Bohnen waschen, die Enden abknipsen oder abschneiden und dabei die Fäden abziehen. Die Bohnen halbieren. Die Tomaten mit kochendem Wasser überbrühen, häuten und klein würfeln, dabei die Stielansätze entfernen. Die Zwiebeln schälen und fein hacken.

2. Das Olivenöl in einem Topf erhitzen und die Zwiebeln darin bei mittlerer Hitze goldbraun braten. Die Tomaten zufügen und etwa 2 Minuten mitdünsten. Dann die Bohnen, den Kreuzkümmel und den Koriander dazugeben. 300 ml Wasser angießen, alles gut verrühren und mit Salz würzen. Zugedeckt bei schwacher Hitze etwa 15 Minuten leise köcheln lassen, bis die Bohnen weich sind und die Sauce etwas eingedickt ist.

3. Den Knoblauch schälen, durch die Knoblauchpresse zu den Bohnen drücken und unterrühren. Das Gericht mit Pfeffer und Salz abschmecken und warm oder kalt servieren.

Dicke Bohnen in Öl

Ful

Dieses ägyptische Nationalgericht war schon zu Pharaonenzeiten am Nil bekannt.

Zutaten für 4 Personen:
500 g getrocknete dicke Bohnen
4 Eier · 1 Bund Petersilie
3 Knoblauchzehen
8 EßI. Olivenöl
Saft von 1 Zitrone
schwarzer Pfeffer, frisch gemahlen
Salz

Spezialität aus Ägypten

Pro Portion etwa:
2800 kJ/670 kcal
33 g Eiweiß · 28 g Fett
61 g Kohlenhydrate

- Einweichzeit: etwa 12 Stunden
- Zubereitungszeit: etwa 3 Stunden

1. Die Bohnen in reichlich Wasser etwa 12 Stunden einweichen. Dann mit 1 l von dem Einweichwasser in einen Topf geben und zugedeckt bei schwacher Hitze 2 1/2–3 Stunden leise köcheln lassen, bis die Bohnen sehr weich sind. Falls nötig, etwas Wasser nachgießen.

2. Kurz vor Ende der Garzeit die Eier etwa 8 Minuten kochen, kalt abschrecken, schälen und vierteln. Die Petersilie waschen, trockenschütteln und ohne die groben Stiele fein hacken. Den Knoblauch schälen und durch die Knoblauchpresse drücken.

3. Das Kochwasser der Bohnen abgießen. Die Petersilie, den Knoblauch, das Olivenöl und den Zitronensaft dazugeben. Das Gericht mit Pfeffer und Salz abschmecken, auf Teller verteilen, mit den Eiern garnieren und warm zu Fladenbrot servieren. Eventuell noch etwas Olivenöl und Zitronensaft dazu reichen, damit sich jeder die Bohnen nach Geschmack nachwürzen kann.

Variante:
Dicke Bohnen auf syrische Art

Ful Surija
Wenn die Bohnen weich sind, nicht das ganze Wasser abgießen, sondern einen Rest im Topf zurückbehalten. Neben den anderen Zutaten 4 Eßlöffel Tomatenmark, 1/2 Eßlöffel Zucker und 1 Teelöffel Koriander unterrühren.

Im Bild vorne: Dicke Bohnen in Öl
Im Bild hinten:
Grüne Bohnen mit Tomaten

CHUDAR – GEMÜSE

Gebratene Aubergine und Zucchini

Badindschan wa Kusa Maqlija

Zutaten für 4 Personen:
1 große Aubergine (etwa 500 g)
2 mittelgroße Zucchini (etwa 500 g)
150 ml Olivenöl
Salz
schwarzer Pfeffer, frisch gemahlen

Schnell • Preiswert

Pro Portion etwa:
1600 kJ/380 kcal
4 g Eiweiß · 38 g Fett
6 g Kohlenhydrate

• Zubereitungszeit: etwa 40 Minuten

1. Die Aubergine und die Zucchini von den Stiel- und Blütenansätzen befreien und längs in etwa 1 cm dicke Scheiben schneiden.

2. Das Olivenöl in einer großen Pfanne erhitzen und die Auberginen- und Zucchinischeiben darin portionsweise bei mittlerer Hitze von beiden Seiten in 5–8 Minuten goldbraun braten.

3. Die Gemüseschnitzel herausnehmen, auf Küchenpapier abtropfen lassen und mit Salz und Pfeffer würzen. Sie schmecken heiß oder kalt zu Fladenbrot oder Baguette.

Variante:
Aubergine und Zucchini mit Joghurt
Badindschan wa Kusa ma'a Laban
Nach dem Braten die Aubergine und Zucchini mit 2–3 geschälten und zerdrückten Knoblauchzehen, 1/2 Teelöffel Salz und 450 g Sahnejoghurt (3 Becher) pürieren.

Auberginen mit Hackfleisch

Tagine Badindschan wa Kufta

Zutaten für 4 Personen:
3 mittelgroße Auberginen
1 große rote Paprikaschote
1 große Zwiebel
100 ml Olivenöl
500 g Lamm- oder Rinderhackfleisch
5 Eßl. Tomatenmark
2 Teel. gemahlener Kreuzkümmel
1/2 Teel. Harissa (türkisches Lebensmittelgeschäft)
Salz · 3 Knoblauchzehen

Gelingt leicht

Pro Portion etwa:
2100 kJ/500 kcal
28 g Eiweiß · 36 g Fett
14 g Kohlenhydrate

• Zubereitungszeit: etwa 1 Stunde

1. Die Auberginen waschen, von den Stiel- und Blütenansätzen befreien und in etwa 2 cm große Würfel schneiden. Die Paprika waschen, vierteln und dabei von den Kernen und den weißen Trennhäuten befreien. Die Viertel in kleine Würfel schneiden. Die Zwiebel schälen und fein hacken.

2. Das Olivenöl in einem großen Topf erhitzen und darin das Hackfleisch bei mittlerer Hitze anbraten. Die Zwiebel und die Auberginen- und Paprikawürfel dazugeben und alles etwa 10 Minuten unter ständigem Rühren bei schwacher Hitze weiterbraten.

3. Das Tomatenmark, den Kreuzkümmel und die Harissa dazugeben. Unter Rühren 1/4 l Wasser angießen und mit Salz würzen. Das Ganze zugedeckt bei schwacher Hitze in etwa 20 Minuten fertiggaren.

4. Kurz vor Ende der Garzeit den Knoblauch schälen, durch die Knoblauchpresse in den Topf drücken und unter die geschmorten Auberginen rühren. Das Gericht kann heiß oder kalt zu Brot, Reis oder Kuskus serviert werden.

Im Bild vorne:
Auberginen mit Hackfleisch
Im Bild hinten:
Gebratene Auberginen und Zucchini

CHUDAR – GEMÜSE

Gefüllte Auberginen

Badindschan Schaik al Mahschi

Auberginen sind in den arabischen Ländern als Alltagskost sehr beliebt. Das folgende Gericht erfordert etwas mehr Zeit und wird daher nur zu besonderen Anlässen zubereitet.

Zutaten für 4 Personen:
1 große Zwiebel
4–5 Knoblauchzehen
1 Bund Petersilie
4 mittelgroße Auberginen
100 ml Olivenöl
500 g Lamm- oder Rinderhackfleisch
2 Eßl. Tomatenmark
2 Teel. gekörnte Brühe
1 Teel. gemahlener Kreuzkümmel
1/2 Teel. gemahlener Koriander
1/2 Teel. gemahlener Zimt
1/2 Teel. Harissa (türkisches Lebensmittelgeschäft)
500 g Tomaten
schwarzer Pfeffer, frisch gemahlen
Salz
150–200 g Schafkäse

Für Gäste

Pro Portion etwa:
2200 kJ/520 kcal
39 g Eiweiß · 31 g Fett
18 g Kohlenhydrate

• Zubereitungszeit: etwa 2 Stunden

1. Die Zwiebel schälen und fein hacken. Den Knoblauch schälen und durch die Knoblauchpresse drücken. Die Petersilie waschen, trockenschütteln und ohne die groben Stiele fein hacken. Die Auberginen waschen und von den Stielansätzen befreien.

2. Mit einem Messer oder Sparschäler der Länge nach von den Auberginen einen etwa 1 cm breiten Streifen abschälen, dann einen Streifen Schale von der gleichen Breite stehenlassen, wieder einen Streifen abschälen und so fortfahren, bis die Auberginen ganz gestreift sind.

3. Das Olivenöl in einer großen Pfanne erhitzen und die Auberginen darin bei mittlerer Hitze von allen Seiten braun braten, aus der Pfanne nehmen. Eine Auflaufform einfetten. Jede Aubergine längs einschneiden, aber nicht durchschneiden. In diese Spalte kommt die Füllung. Die Auberginen nebeneinander in die Auflaufform setzen.

4. Im verbliebenen Bratfett das Hackfleisch, die Zwiebel und den Knoblauch etwa 5 Minuten bei mittlerer Hitze anbraten.

5. Den Ofen auf 200° vorheizen. Das Tomatenmark und die gekörnte Brühe unter das Hackfleisch rühren. 1/8 l Wasser unter Rühren angießen und die Füllung in etwa 5 Minuten bei schwacher Hitze fertigköcheln. Die Petersilie und die Gewürze unterrühren und die Pfanne vom Herd nehmen.

Tip!

Die Araber mögen den leicht bitteren Geschmack der Aubergine. Wenn Sie ihr die Bitterstoffe lieber entziehen möchten, salzen Sie die Schnittflächen der Auberginen vor der Zubereitung und lassen sie etwa 30 Minuten ziehen. Das Salz entzieht der Aubergine die Bitterstoffe. Danach die Auberginen abspülen und gut trockentupfen, damit das Öl beim Anbraten nicht spritzt.

6. Die Tomaten mit kochendem Wasser überbrühen, häuten und von den Stielansätzen befreien. Das Fruchtfleisch mit dem Pürierstab oder im Mixer pürieren, mit Pfeffer und Salz abschmecken.

7. Die Auberginen an den Schnittspalten etwas auseinanderziehen und mit einem Eßlöffel die Hackfleischfüllung hineindrücken.

8. Das Tomatenpüree über die Auberginen gießen. Den Schafkäse zerbröckeln und über den Auberginen verteilen. Das Gericht im Backofen (Mitte) in etwa 30 Minuten garen. Mit Reis servieren.

Tomaten mit Nuß-Rosinen-Reis

Banadura Mahschija

Zutaten für 4 Personen:
8 große Fleischtomaten
150 g Langkornreis
1 mittelgroße Zwiebel
3 Eßl. gehackte Mandeln
3 Eßl. gehackte Haselnüsse
50 g Rosinen
1 Teel. gemahlener Kreuzkümmel
schwarzer Pfeffer, frisch gemahlen
Salz · 3 Eßl. Olivenöl
3 Eßl. Tomatenmark

Raffiniert • Vegetarisch

Pro Portion etwa:
1600 kJ/380 kcal
8 g Eiweiß · 18 g Fett
48 g Kohlenhydrate

• Zubereitungszeit: etwa 1 Stunde

1. Die Tomaten waschen, jeweils am Stielansatz einen dünnen Deckel abschneiden und die Tomaten aushöhlen. Das Tomateninnere grob hacken und mit dem Reis zusammen in eine Schüssel geben. Die Zwiebel schälen und fein hacken. Mit den Mandeln, den Haselnüssen, den Rosinen und dem Kreuzkümmel zum Reis geben und alles gut vermischen. Die Masse mit Pfeffer und Salz würzen und in die Tomaten füllen.

2. Die gefüllten Tomaten nebeneinander in einen Topf setzen. Das Olivenöl und das Tomatenmark miteinander verrühren, mit Salz würzen und um die Tomaten verteilen. Soviel Wasser angießen, daß die Tomaten halb bedeckt sind. Das Gericht zugedeckt bei schwacher Hitze etwa 35 Minuten garen.

Auberginen mit Knoblauch

Badindschan Imam Bajildi

Dieses Gericht wird auch »der Imam (= Vorbeter) fiel in Ohnmacht« genannt. Man könnte dies auf die immensen Knoblauchmengen zurückführen.

Zutaten für 4 Personen:
2 große Auberginen
6 Eßl. Olivenöl
3 mittelgroße Zwiebeln
6 Knoblauchzehen
1 Bund Petersilie
1 große Fleischtomate
4 Peperoni
1 Teel. gemahlener Kreuzkümmel
2 Teel. Paprikapulver, edelsüß
Salz · Olivenöl zum Beträufeln

Vegetarisch

Pro Portion etwa:
1000 kJ/240 kcal
6 g Eiweiß · 16 g Fett
19 g Kohlenhydrate

• Zubereitungszeit: etwa 1 Stunde

1. Die Auberginen waschen, von den Stiel- und Blütenansätzen befreien und längs halbieren. 3 Eßlöffel Olivenöl in einer großen Pfanne erhitzen und darin die halben Auberginen bei mittlerer Hitze von allen Seiten anbraten. Aus der Pfanne nehmen und etwas abkühlen lassen. Mit einem Löffel vorsichtig das Fruchtfleisch bis auf einen 1 cm dicken Rand herauslösen und beiseite legen. Die Auberginenhälften in eine gefettete feuerfeste Form legen.

2. Den Backofen auf 200° vorheizen. Die Zwiebeln schälen, halbieren und in dünne Scheiben schneiden. Den Knoblauch schälen und in dünne Scheiben schneiden. Die Petersilie waschen, trockenschütteln und ohne die groben Stiele fein hacken. Das Auberginenfleisch grob hacken. Die Tomate waschen, vom Stielansatz befreien und in Scheiben schneiden. Die Peperoni von den Stielansätzen und den Kernen befreien und längs halbieren.

3. Das restliche Olivenöl in einer Pfanne erhitzen und die Zwiebeln und den Knoblauch darin bei schwacher Hitze andünsten. Die Petersilie, den Kreuzkümmel, das Paprikapulver und das Auberginenfleisch dazugeben. Die Masse mit Salz würzen, gut durchrühren und in die Auberginenhälften füllen.

4. Jede Aubergine mit 2 Peperonihälften und 2 Tomatenscheiben belegen und mit Olivenöl beträufeln. Im Backofen (Mitte) etwa 20 Minuten garen. Heiß oder kalt servieren.

Bild oben:
Tomaten mit Nuß-Rosinen-Reis
Bild unten: Auberginen mit Knoblauch

CHUDAR – GEMÜSE

Kohlrouladen

Malfuf

Die arabischen Kohlrouladen sind den unseren sehr ähnlich. Die Kohlblätter werden allerdings mit etwas weniger Füllung als bei uns üblich zu dicken »Zigarren« gerollt und in Tomatensauce gegart.

Zutaten für etwa 16 Rouladen (ausreichend für 4 Personen):
1 mittelgroßer Weißkohl
2 mittelgroße Zwiebeln
3–4 Knoblauchzehen
1/2 Bund Petersilie
350 g Rinderhackfleisch
3 Eßl. Olivenöl
1 Teel. gemahlener Kreuzkümmel
Salz
Saft von 1/2 Zitrone
250 g Schmand, ersatzweise Crème fraîche
5 Eßl. Tomatenmark
1/2 Teel. Harissa (türkisches Lebensmittelgeschäft)
1 leicht gehäufter Teel. Speisestärke

Preiswert

Pro Portion etwa:
2240 kJ/520 kcal
27 g Eiweiß · 38 g Fett
23 g Kohlenhydrate

• Zubereitungszeit: etwa 2 Stunden

1. In einem großen Topf 1 1/2 l Salzwasser zum Kochen bringen. Den Kohlkopf waschen, putzen und den Strunk entfernen. Etwa 25 Blätter ablösen, mit dem Kohlkopf in das kochende Wasser geben und etwa 10 Minuten blanchieren.

2. Die Blätter und den Kohlkopf mit einem Schaumlöffel aus dem Wasser heben, abschrecken und abtropfen lassen. Das Kochwasser nicht wegschütten.

3. Die Zwiebeln schälen und fein hacken. Den Knoblauch schälen und durch die Knoblauchpresse drücken. Die Petersilie waschen, trockenschütteln und ohne die groben Stiele fein hacken. Alles mit dem Hackfleisch, dem Olivenöl und dem Kreuzkümmel in eine Schüssel geben und gut miteinander vermischen. Die Masse mit Salz abschmecken.

4. 16 schöne Kohlblätter aussuchen und die dicken Mittelrippen flach schneiden. Für jedes Kohlblatt 1 Eßlöffel von der Füllung abnehmen und auf das Blattende geben, die Blattseiten zur Mitte hin über der Füllung zusammenschlagen und das Blatt von unten her fest aufrollen.

5. Den Kohlkopf vierteln, mit den restlichen Kohlblättern in feine Streifen schneiden und damit einen großen Topf auslegen (damit die Rouladen nicht anbrennen können).

6. Die Rouladen eng nebeneinander in den Topf legen. Soviel von dem Kochwasser dazugeben, daß die Rouladen knapp bedeckt sind. Die Rouladen zugedeckt bei schwacher Hitze in etwa 40 Minuten garen.

7. Die Rouladen aus dem Topf nehmen und warm stellen. In dem Topf die Sauce zubereiten. Dafür den Zitronensaft, den Schmand, das Tomatenmark und die Harissa mit 1/4 l Wasser in dem Topf verrühren und kurz aufkochen lassen.

8. Die Speisestärke mit 1/2 Tasse kaltem Wasser verrühren und die Sauce damit binden. Die Sauce unter Rühren noch einmal kurz aufkochen und über die Rouladen geben.

Tip!

Stellen Sie gleich eine größere Menge Kohlrouladen her, zum Beispiel die doppelte Menge, und frieren Sie die übriggebliebenen Kohlrouladen portionsweise ein. Sie lassen sich hervorragend in der Mikrowelle aufwärmen.

Die arabischen Kohlrouladen sind den unseren nicht unähnlich. Geschmacklich unterscheiden sie sich vor allem durch die Beigabe exotischer Gewürze wie Harissa oder Kreuzkümmel.

CHUDAR – GEMÜSE

Kichererbsen-bällchen

Falafel

Zutaten für etwa 30 Stück:
200 g Kichererbsen
1 mittelgroße Zwiebel
2–3 Knoblauchzehen
1 Bund Petersilie
3 Eßl. Fertigpulver für Kroketten oder Kartoffelpuffer
1 Teel. gemahlener Kreuzkümmel
1 Teel. gemahlener Koriander
1 Teel. Paprikapulver, edelsüß
3 Eßl. frisches gehacktes Basilikum, ersatzweise 2 Teel. getrocknetes
Salz
Sonnenblumenöl zum Ausbacken

Vegetarisch

Pro Sück etwa:
230 kJ/55 kcal
2 g Eiweiß · 4 g Fett
4 g Kohlenhydrate

- Einweichzeit: etwa 12 Stunden
- Zubereitungszeit: etwa 1 1/2 Stunden (davon etwa 30 Minuten Ruhezeit)

1. Die Kichererbsen in reichlich Wasser etwa 12 Stunden einweichen. Dann in ein Sieb abgießen und gut abtropfen lassen.

2. Die Zwiebel und den Knoblauch schälen und in grobe Stücke schneiden. Die Petersilie waschen, trockenschütteln und die Blättchen abzupfen. Die Kichererbsen mit der Petersilie, der Zwiebel und dem Knoblauch durch die feine Scheibe des Fleischwolfs drehen.

3. Das Fertigpulver und die Gewürze dazugeben und alles mit den Händen gründlich vermischen. Den Teig fest zusammendrücken und mindestens 30 Minuten bei Zimmertemperatur ruhen lassen.

4. Das Öl in einer Friteuse oder einem Frittiertopf auf höchster Stufe erhitzen. Aus dem Teig etwa 30 höchstens eßlöffelgroße Bällchen formen und diese bei starker Hitze in 2–3 Minuten goldgelb fritieren. Herausheben und auf Küchenpapier gut abtropfen lassen.

Kichererbsen-Sesam-Püree

Hummus bi-Tahina

Zutaten für 4 Personen:
250 g Kichererbsen
4 Knoblauchzehen
150 g Tahina (Sesammus, Reformhaus oder Naturkostladen)
Saft von 3 Zitronen
5 Eßl. Olivenöl · Salz
Zum Verzieren: Paprikapulver, edelsüß
schwarze Oliven

Preiswert

Pro Portion etwa:
2200 kJ/520 kcal
26 g Eiweiß · 33 g Fett
36 g Kohlenhydrate

- Einweichzeit: etwa 12 Stunden
- Zubereitungszeit: etwa 1 Stunde

1. Die Kichererbsen etwa 12 Stunden in reichlich Wasser einweichen. Dann mit dem Einweichwasser (die Kichererbsen sollten davon knapp bedeckt sein) etwa 45 Minuten zugedeckt bei starker Hitze kochen lassen. Ab und zu den aufsteigenden Schaum abschöpfen.

2. Kurz vor Ende der Garzeit den Knoblauch schälen. Die Kichererbsen in ein Sieb abgießen, abtropfen lassen und in eine Schüssel mit hohem Rand geben. Den Knoblauch, das Sesammus, den Zitronensaft und das Olivenöl dazugeben. Die Masse mit Salz würzen und mit dem Pürierstab pürieren. Das Püree sollte etwa die Konsistenz von Mayonnaise haben.

3. Das Püree in eine Schüssel geben oder auf vier tiefe Teller verteilen und mit dem Paprikapulver und den schwarzen Oliven verzieren. Warm oder kalt mit Fladenbrot servieren.

Tip!

Im Nahen Osten werden mit Falafel und Hummus Sandwiches gemacht: Ein großes Fladenbrot vierteln. Die Viertel aufschneiden, die Unterseite großzügig mit Hummus bestreichen, Tomatenscheiben, Zwiebelringe und 3 Falafel darauf legen und die Oberseite darüber klappen.

Im Bild vorne:
Kichererbsen-Sesam Püree
Im Bild hinten: Kichererbsenbällchen

CHUDAR – GEMÜSE

Kuskus mit Lamm und Gemüse

Kuskus

Kuskus kennt jeder, der schon einmal in Marokko oder Tunesien war. Die Zutat, die dem gesamten Gericht ihren Namen verleiht, der Kuskus, ist ein Weizengrieß, der in einem besonderen Verfahren mit einer dünnen Schicht Mehl überzogen wurde.

Zutaten für 4–6 Personen:
50 g Kichererbsen
250 g Lammfleisch
250 g Rindfleisch
4 Hühnerkeulen (von je etwa 200 g)
5 Eßl. Olivenöl
2–3 Fleischtomaten
2 Teel. gekörnte Brühe
1/2 Stange Lauch
1 Zwiebel · 1 große Kartoffel
1 Möhre · 1 mittelgroßer Zucchino
1 kleine Aubergine
300 g Kuskus (Reformhaus oder Naturkostladen)
100 g Butter
1 Teel. Harissa (türkisches Lebensmittelgeschäft)
2 Eßl. Tomatenmark
1–2 Teel. gemahlener Kreuzkümmel

Spezialität aus Tunesien, Algerien und Marokko

Bei 6 Personen pro Portion etwa:
3100 kJ/740 kcal
48 g Eiweiß · 39 g Fett
48 g Kohlenhydrate

- Einweichzeit: etwa 12 Stunden
- Zubereitungszeit: etwa 2 Stunden

1. Die Kichererbsen etwa 12 Stunden in reichlich Wasser einweichen. Dann in ein Sieb abgießen und abtropfen lassen. Das Fleisch und die Hühnerkeulen kalt abspülen und trockentupfen. Das Fleisch in mundgerechte Stücke schneiden. Das Öl in einem Kuskus-Topf erhitzen.

2. Die Fleischstücke in dem Öl bei mittlerer Hitze in etwa 4 Minuten goldbraun braten. Die Tomaten mit kochendem Wasser überbrühen, häuten, von den Stielansätzen befreien, pürieren und mit der gekörnten Brühe zum Fleisch geben. Mit Wasser knapp bedecken und bei schwacher Hitze etwa 40 Minuten kochen lassen.

3. Den Lauch putzen, längs aufschlitzen, waschen und in Scheiben schneiden. Die Zwiebel schälen und fein hacken. Die Kartoffel waschen, schälen und grob würfeln. Die Möhre waschen, schälen und in Scheiben schneiden. Den Zucchino und die Aubergine waschen und von den Stiel- und Blütenansätzen befreien.

4. Den Zucchino in Scheiben, die Aubergine in etwa 2 cm große Würfel schneiden. Den Kuskus in eine Schüssel geben, mit 1/4 l Salzwasser übergießen, durchrühren und etwa 15 Minuten quellen lassen. Das Gemüse und die Kichererbsen zum Fleisch in den Topf geben. Soviel Wasser angießen, daß alles knapp bedeckt ist.

5. Den Kuskus mit zwei Gabeln lockern und in den Topfaufsatz geben. Den Aufsatz über den Eintopf in den Topf hängen. Das Gericht bei schwacher Hitze in etwa 45 Minuten fertiggaren.

6. Den Aufsatz mit dem Kuskus abnehmen, die Butter in kleinen Stücken auf dem Kuskus verteilen und ihn mit zwei Gabeln gut auflockern.

7. Für die scharfe Sauce zwei Tassen Brühe aus dem Eintopf nehmen und in eine kleine Schüssel füllen. Die Brühe mit der Harissa, dem Tomatenmark und dem Kreuzkümmel verrühren.

8. Der Kuskus wird traditionell in der Mitte einer großen Platte zu einer Pyramide geformt und das Fleisch und der Eintopf um die Pyramide herum arrangiert. Die scharfe Sauce wird getrennt dazu gereicht.

Tip!

Wenn Sie keinen speziellen Kuskus-Topf besitzen, können Sie auch einen normalen großen Topf verwenden. Den Kuskus in ein Sieb geben und über den Eintopf in den Topf hängen, das Sieb darf nicht in die Flüssigkeit tauchen. Alufolie so über den Topfrand ziehen, daß seitlich kein Dampf entweichen kann. Nach 45 Minuten Garzeit die Alufolie wieder entfernen.
Sollte es Ihnen zu aufwendig sein, den Kuskus zu dämpfen, dann füllen Sie ihn in eine Schüssel, salzen ihn, bedecken ihn mit kochendem Wasser und lassen ihn etwa 20 Minuten quellen. Sie können ihn dann mit Butter in einer Pfanne anbraten.

Bulgur-Tomaten-Salat

Tabuleh

Zutaten für 4 Personen:
250 g Bulgur (Reformhaus, Naturkostladen)
500 g Tomaten · 1 Gemüsezwiebel
3–4 Knoblauchzehen
1 Bund Petersilie
6 EBl. Olivenöl
Saft von 1 Zitrone
1 Teel. gemahlener Kreuzkümmel
schwarzer Pfeffer, frisch gemahlen
Salz

Gelingt leicht

Pro Portion etwa:
200 kJ/480 kcal
10 g Eiweiß · 29 g Fett
45 g Kohlenhydrate

- Zubereitungszeit: etwa 1 Stunde 40 Minuten (davon etwa 1 Stunde Quell- und Marinierzeit)

1. Den Bulgur mit reichlich Wasser bedecken und etwa 30 Minuten quellen lassen. Falls nötig, noch etwas Wasser dazugeben.

2. In der Zwischenzeit die Tomaten waschen, von den Stielansätzen befreien und in nicht zu kleine Würfel schneiden. Die Zwiebel schälen, halbieren und ebenfalls in Würfel schneiden. Den Knoblauch schälen und durch die Knoblauchpresse drücken. Die Petersilie waschen, trockenschütteln und ohne die groben Stiele fein hacken. Alles in eine große Schüssel geben.

3. Das Olivenöl mit dem Zitronensaft und dem Kreuzkümmel verrühren und über die Zutaten in der Schüssel gießen. Den Bulgur in ein Sieb abgießen, gut abtropfen lassen und dazugeben. Alles gut vermengen. Den Salat mit Pfeffer und Salz abschmecken und etwa 1 Stunde durchziehen lassen.

Bulgur mit grünen Bohnen

Burghul ma'a Fasulija

Zutaten für 4 Personen:
100 g Bulgur (Reformhaus, Naturkostladen)
500 g grüne Bohnen
1 mittelgroße Zwiebel
4 mittelgroße Tomaten
3 EBl. Olivenöl
300 g Rinderhackfleisch
1–2 Teel. gekörnte Brühe
1 Teel. gemahlener Kreuzkümmel
3–4 Knoblauchzehen
2 EBl. Tomatenmark
schwarzer Pfeffer, frisch gemahlen
Salz

Preiswert

Pro Portion etwa:
1800 kJ/430 kcal
25 g Eiweiß · 24 g Fett
27 g Kohlenhydrate

- Zubereitungszeit: etwa 45 Minuten

1. Den Bulgur mit Wasser bedecken und etwa 30 Minuten quellen lassen. Falls nötig, noch etwas Wasser dazugeben.

2. Die Bohnen waschen, die Enden abknipsen und die Fäden abziehen. Die Bohnen halbieren. Die Zwiebel schälen und fein hacken. Die Tomaten mit kochendem Wasser überbrühen, häuten, von den Stielansätzen befreien und mit dem Pürierstab pürieren.

3. Das Olivenöl in einem Topf erhitzen und darin das Hackfleisch und die Zwiebeln bei mittlerer Hitze etwa 5 Minuten anbraten. Das Tomatenpüree, die gekörnte Brühe, den Kreuzkümmel und die Bohnen dazugeben, mit Wasser bedecken und zugedeckt bei mittlerer Hitze etwa 20 Minuten garen, bis die Bohnen weich sind.

4. Wenn die Bohnen gar sind, den Knoblauch schälen und durch die Knoblauchpresse dazudrücken. Das Tomatenmark unterrühren. Den Topf vom Herd nehmen.

5. Den Bulgur in ein Sieb geben, gut ausdrücken, unter die Bohnen rühren und das Gericht mit Pfeffer und Salz würzen.

Im Bild vorne: Bulgur mit grünen Bohnen
Im Bild hinten: Bulgur-Tomaten-Salat

KHUBZ – BROT, REIS & CO.

Mandel-Rosinen-Reis

Ruz Muammar

Zutaten für 4 Personen:
100 g Mandeln
50 g Butter
350 g Langkornreis
1/2 Teel. gemahlener Zimt
100 g Rosinen
Salz

Schnell

Pro Portion etwa:
2600 kJ/620 kcal
12 g Eiweiß · 26 g Fett
83 g Kohlenhydrate

- Zubereitungszeit: etwa 35 Minuten

1. Die Mandeln mit kochendem Wasser überbrühen, kalt abschrecken und häuten.

2. Die Butter in einem Topf erhitzen und die Mandeln darin anrösten. Den Reis und den Zimt dazugeben und unter Rühren bei schwacher Hitze mitrösten, bis der Reis glasig ist.

3. Nach und nach 1/2 l Wasser angießen und die Rosinen dazugeben. Den Reis mit Salz würzen und zugedeckt bei schwacher Hitze etwa 20 Minuten quellen lassen, bis keine Flüssigkeit mehr vorhanden ist.

Variante:
Reis mit Datteln und Aprikosen
Timman ma'a Tamr
Im Irak gibt man anstelle der Mandeln und Rosinen gerne 50 g kleingeschnittene, getrocknete Aprikosen und 100 g kleingeschnittene Datteln zum Reis.

Safranreis mit Nüssen

Ruz Asfar bi-Dachauz

Zutaten für 4 Personen:
50 g Butter · 350 g Langkornreis
je 50 g gehackte Walnuß-, Pinien- und Haselnußkerne, Pistazien und Mandeln
5–10 Safranfäden oder 1/2 Teel. Gelbwurzpulver (Kurkuma)
Salz

Raffiniert

Pro Portion etwa:
3300 kJ/790 kcal
17 g Eiweiß · 48 g Fett
73 g Kohlenhydrate

- Zubereitungszeit: etwa 30 Minuten

1. Die Butter in einem Topf zerlassen. Den Reis, die Nüsse und die Safranfäden oder das Gelbwurzpulver dazugeben und alles bei schwacher Hitze unter Rühren braten, bis der Reis glasig ist.

2. Nach und nach 1/2 l Wasser angießen, den Reis mit Salz würzen und zugedeckt bei schwacher Hitze etwa 20 Minuten quellen lassen, bis keine Flüssigkeit mehr vorhanden ist.

Tip!

Safranreis mit Nüssen ist eine farbenprächtige Beilage zu opulenten Festessen. Er paßt besonders gut zu gefülltem Hähnchen, Fleischspießen oder Lammkoteletts. Stilvoll serviert wird er auf einer reich verzierten Silber- oder Messingplatte. Am schönsten sieht es aus, wenn Sie ihn, wie Kuskus, pyramidenförmig anrichten.

Im Bild vorne: Mandel-Rosinen-Reis
Im Bild hinten: Safranreis mit Nüssen

KHUBZ – BROT, REIS & CO.

Reisfleisch mit Kichererbsen

Ruz bi-Dfeen

Zutaten für 4 Personen:
50 g Kichererbsen
500 g Rindfleisch aus der Schulter
1 mittelgroße Zwiebel
4–5 Knoblauchzehen
5 Eßl. Olivenöl
350 g Langkornreis
1–2 Teel. gemahlener Kreuzkümmel
1/2 Teel. Gelbwurzpulver (Kurkuma)
Salz · 1 Bund Petersilie

Spezialität der Golfstaaten

Pro Person etwa:
2700 kJ/640 kcal
36 g Eiweiß · 24 g Fett
73 g Kohlenhydrate

- Einweichzeit: etwa 12 Stunden
- Zubereitungszeit: etwa 1 1/2 Stunden

1. Die Kichererbsen etwa 12 Stunden in Wasser einweichen. Dann mit dem Einweichwasser in einen Topf geben und zugedeckt bei mittlerer Hitze etwa 45 Minuten kochen. Den aufsteigenden Schaum abschöpfen. Wenn zu wenig Flüssigkeit im Topf ist, noch Wasser dazugeben. Die Kichererbsen in ein Sieb abgießen und abtropfen lassen.

2. Das Fleisch kalt abspülen, trockentupfen und in mundgerechte Stücke schneiden. Die Zwiebel schälen und fein hacken. Den Knoblauch schälen und durch die Knoblauchpresse drücken.

3. Das Olivenöl in einem großen Topf erhitzen und darin das Fleisch bei mittlerer Hitze etwa 4 Minuten anbraten. Den Reis, die Zwiebel und den Knoblauch dazugeben und bei schwacher Hitze unter Rühren glasig braten. Die Kichererbsen, den Kreuzkümmel und das Gelbwurzpulver dazugeben. Mit Salz abschmecken, 1 l Wasser angießen, umrühren und das Ganze zugedeckt bei schwacher Hitze etwa 40 Minuten kochen lassen, bis die Flüssigkeit fast vollständig verdampft ist.

4. Die Petersilie waschen, trockenschütteln und ohne die groben Stiele fein hacken. Kurz vor dem Servieren über das Reisfleisch streuen.

Reis mit Fisch

Saijadiah

Zutaten für 4 Personen:
350 g Langkornreis
750 g Fischfilet (Kabeljau, Heilbutt oder Brasse)
1 mittelgroße Zwiebel
5 Eßl. Olivenöl
1 Teel. gemahlener Kreuzkümmel
1/2 Teel. gemahlener Koriander
Salz
Saft von 1 Zitrone
1 Bund Petersilie

Pro Portion etwa:
2300 kJ/550 kcal
39 g Eiweiß · 15 g Fett
65 g Kohlenhydrate

- Zubereitungszeit: etwa 45 Minuten

1. In einem Topf 1/2 l Wasser zum Kochen bringen, den Reis hineingeben und bei schwacher Hitze etwa 20 Minuten quellen lassen.

2. Den Fisch kalt abspülen, trockentupfen und in mundgerechte Stücke schneiden. Die Zwiebel schälen und fein hacken.

3. 3 Eßlöffel Olivenöl in einer Pfanne erhitzen und die Zwiebel darin bei mittlerer Hitze goldbraun braten. Den Fisch dazugeben, mit dem Kreuzkümmel, dem Koriander, Salz und dem Zitronensaft würzen und alles bei schwacher Hitze etwa 10 Minuten dünsten. Die Pfanne vom Herd nehmen.

4. Die Petersilie waschen, trockenschütteln und ohne die groben Stiele fein hacken. Den Reis in ein Sieb abgießen und abtropfen lassen. Mit der Petersilie zu dem Fisch in die Pfanne geben, alles vorsichtig mischen und bei schwacher Hitze kurz erwärmen.

Im Bild vorne: Reis mit Fisch
Im Bild hinten:
Reisfleisch mit Kichererbsen

KHUBZ – BROT, REIS & CO.

Dünne Fladenbrote

Khubz

Die dünnen, runden Brotfladen fehlen praktisch bei keinem Essen und werden überall zubereitet: Die Nomaden in Algerien beispielsweise backen Fladen, indem sie den Teig auf einer Metallplatte in einem Lehmofen mit einem brennenden Palmenwedel rösten oder ihn einfach auf einem heißen Stein neben das Feuer legen.

Zutaten für etwa 12 Fladen:
1 kg Weizenmehl
1 Teel. Salz
30 g Hefe
1 Eßl. Öl
Fett für das Blech

Braucht etwas Zeit

Bei 12 Fladen pro Stück etwa:
1300 kJ/310 kcal
6 g Eiweiß · 1 g Fett
66 g Kohlenhydrate

- Zubereitungszeit: etwa 2 1/2 Stunden (davon etwa 1 1/2 Stunden Ruhezeit)

1. Das Mehl mit dem Salz in eine große Schüssel geben, in die Mitte eine Vertiefung drücken und die Hefe hineinbröckeln. Die Hefe mit 100 ml lauwarmem Wasser und etwas Mehl zu einem Vorteig verrühren und zugedeckt etwa 10 Minuten gehen lassen.

2. Den Teig mit den Händen oder den Knethaken des Handrührgeräts kneten und dabei nach und nach 400 ml lauwarmes Wasser dazugeben. Den Teig so lange kneten, bis er sich vom Schüsselrand löst. Er soll weich sein, darf aber nicht kleben. Den Teig zu einer Kugel formen.

3. Die Teigkugel mit dem Öl bestreichen, damit die Oberfläche nicht austrocknet, und zugedeckt etwa 45 Minuten an einem warmen Ort gehen lassen, bis sie ihr Volumen verdoppelt hat.

4. Den Teig mit bemehlten Händen noch einmal kurz durchkneten und in 12 gleich große Stücke teilen.

5. Die Stücke auf einer bemehlten Arbeitsfläche nacheinander zu runden oder ovalen, etwa 1/2 cm dicken Fladen ausrollen. Zwei Backbleche einfetten, die Fladen darauf verteilen und zugedeckt an einem warmen Ort etwa 30 Minuten gehen lassen. Den Backofen auf 225° vorheizen.

6. Die Fladen im Backofen (Mitte) etwa 10 Minuten backen, dann wenden und von der anderen Seite noch einmal etwa 5 Minuten backen. Aus dem Ofen nehmen und auskühlen lassen.

7. Mit den restlichen Fladen genauso verfahren. Die Tür des Backofens während des Backens nicht öffnen, denn der Teig bildet Luftblasen, die das Brot lockerer machen. Es läßt sich dann beim Essen leichter in Stücke brechen.

Tip!

Aromatisch schmeckt es, wenn Sie dem Fladenbrotteig Gewürze beimengen, etwa 1/2 Teelöffel Anissamen, 1 Teelöffel Thymian, 1 Teelöffel Kreuzkümmel oder auch 3 Eßlöffel kleingeschnittene Oliven.

Überall werden diese luftig-leichten Fladenbrote angeboten: Sie sind ganz einfach herzustellen und im Nu gebacken.

KHUBZ – BROT, REIS & CO.

Großes Fladenbrot

Khubs Samik

Zutaten für 1 Brot:
500 g Weizenmehl
1/2–1 Teel. Salz
30 g Hefe
1 Teel. Zucker
Fett für das Blech

Gelingt leicht

Ein Fladen enthält etwa:
7600 kJ/1800 kcal
40 g Eiweiß · 4 g Fett
400 g Kohlenhydrate

- Zubereitungszeit: etwa 2 1/2 Stunden (davon etwa 2 Stunden Ruhezeit)

1. Das Mehl mit dem Salz in eine große Schüssel geben, in die Mitte eine Vertiefung drücken und die Hefe hineinbröckeln. Die Hefe mit dem Zucker bestreuen und mit 100 ml lauwarmem Wasser und etwas Mehl zu einem Vorteig rühren. Zugedeckt etwa 10 Minuten gehen lassen.

2. Alles mit den Händen oder den Knethaken des Handrührgerätes zu einem geschmeidigen Teig kneten, dabei nach und nach 150 ml lauwarmes Wasser dazugeben. Den Teig so lange kneten, bis er sich vom Schüsselrand löst. Er soll weich sein, darf aber nicht kleben. Zur Kugel formen und zugedeckt an einem warmen Ort etwa 1 Stunde gehen lassen, bis er sein Volumen verdoppelt hat.

3. Den Ofen auf 200° vorheizen. Den Teig mit bemehlten Händen noch einmal kurz durchkneten. Auf einer bemehlten Arbeitsfläche zu einem Fladen von 30–35 cm Durchmesser ausrollen und mit dem Finger einige Vertiefungen in die Oberfläche drücken. Den Fladen auf ein gefettetes Backblech legen und zugedeckt nochmals etwa 10 Minuten gehen lassen.

4. Den Fladen mit lauwarmem Wasser bestreichen und im Backofen (Mitte) in 20–25 Minuten goldbraun backen.

Sesamringe

Kak bi-Simsim

Zutaten für etwa 12 Ringe:
750 g Weizenvollkornmehl
1/2–1 Teel. Salz
30 g Hefe
1 Eßl. Zucker
2 Eßl. Öl · 1 Ei
3 Eßl. Sesam
Fett für das Blech

Gelingt leicht

Bei 12 Ringen pro Stück etwa:
1000 kJ/240 kcal
9 g Eiweiß · 6 g Fett
39 g Kohlenhydrate

- Zubereitungszeit: etwa 2 Stunden (davon etwa 1 1/4 Stunden Ruhezeit)

1. Das Mehl mit dem Salz in eine große Schüssel geben, in die Mitte eine Vertiefung drücken und die Hefe hineinbröckeln. Die Hefe mit dem Zucker bestreuen und mit 100 ml lauwarmem Wasser und etwas Mehl zu einem Vorteig verrühren. Zugedeckt etwa 10 Minuten gehen lassen.

2. Das Öl dazugeben und alles mit den Händen oder den Knethaken des Handrührgeräts zu einem geschmeidigen Teig verkneten und dabei nach und nach 300 ml lauwarmes Wasser dazugeben.

3. Den Teig so lange kneten, bis er sich vom Schüsselrand löst. Der Teig soll weich sein, darf aber nicht kleben. Den Teig zugedeckt an einem warmen Ort etwa 1 Stunde gehen lassen, bis er sein Volumen verdoppelt hat.

4. Den Backofen auf 200° vorheizen. Den Teig auf einer leicht bemehlten Arbeitsfläche nochmals kurz durchkneten und in 12 gleich große Teile teilen. Einzeln zu Rollen von etwa 2 cm Dicke formen und die Enden zu Ringen schließen.

5. Das Ei in einer Tasse mit 1–2 Eßlöffeln Wasser verquirlen. Die Ringe damit bestreichen und mit dem Sesam bestreuen.

6. Ein Backblech einfetten, die Ringe darauf verteilen und im Backofen (Mitte) etwa 20 Minuten backen. Den Backofen ausschalten und die Ringe darin noch etwa 5 Minuten ruhen lassen.

Im Bild vorne: Sesamringe
Im Bild hinten: Großes Fladenbrot

KHUBZ – BROT, REIS & CO.

Arabische Pizza

Lahm bi-Adschin

Zutaten für 4 Stück:
500 g Weizenmehl · Salz
30 g Hefe · 1 Teel. Zucker
5 Eßl. Olivenöl
3 mittelgroße Zwiebeln
3 Knoblauchzehen
1 Bund Petersilie
250 g Lamm- oder Rinderhackfleisch
3 Eßl. Tomatenmark
2 Teel. gemahlener Kreuzkümmel
1 Teel. gemahlener Koriander
1 Teel. Paprikapulver, edelsüß
schwarzer Pfeffer, frisch gemahlen
Fett für das Blech

Gelingt leicht

Pro Stück etwa:
3100 kJ/740 kcal
22 g Eiweiß · 25 g Fett
100 g Kohlenhydrate

- Zubereitungszeit: etwa 1 3/4 Stunden (davon etwa 1 1/4 Stunden Ruhezeit)

1. Das Mehl mit 1 Teelöffel Salz in eine Schüssel geben. In die Mitte eine Vertiefung drücken, die Hefe hineinbröckeln, mit dem Zucker bestreuen und mit 100 ml lauwarmem Wasser und etwas Mehl zu einem Vorteig verrühren. Zugedeckt etwa 10 Minuten ruhen lassen.

2. 2 Eßlöffel Öl dazugeben und alles mit den Händen oder den Knethaken des Handrührgeräts verkneten, dabei nach und nach 200 ml lauwarmes Wasser dazugeben.

3. Den Teig so lange kneten, bis er sich vom Schüsselrand löst. Der Teig soll weich sein, darf aber nicht kleben. Den Teig zur Kugel formen und zugedeckt an einem warmen Ort etwa 1 Stunde gehen lassen, bis er sein Volumen verdoppelt hat.

4. Die Zwiebeln schälen und fein hacken. Den Knoblauch schälen und durch die Presse drücken. Die Petersilie waschen, trockenschütteln und ohne die groben Stiele fein hacken.

5. Das restliche Öl in einer Pfanne erhitzen und darin das Hackfleisch, die Zwiebeln und den Knoblauch bei mittlerer Hitze unter Rühren etwa 5 Minuten anbraten. Das Tomatenmark und die Gewürze dazugeben. 150 ml Wasser angießen und alles gut verrühren. Die Masse mit Pfeffer und Salz würzen und die Pfanne vom Herd nehmen.

6. Den Ofen auf 200° vorheizen. Den Teig auf einer bemehlten Arbeitsfläche kurz durchkneten und in vier gleich große Stücke teilen. Die Stücke zu dünnen Fladen von 20 – 25 cm Durchmesser ausrollen. Mit den Fingern einen Rand formen, damit beim Backen der Belag nicht herunterlaufen kann.

7. Ein Backblech einfetten. Die Fladen darauf setzen, mit der Hackfleischmasse bestreichen und im Backofen (Mitte) 10–15 Minuten backen. Die Fladen sollten noch so weich sein, daß sie sich zusammenrollen lassen, damit man sie aus der Hand essen kann.

Kichererbsenpfannkuchen

Sokka

Zutaten für 8–12 Stück:
250 g Kichererbsenmehl
(Asienladen, Naturkostladen)
2 Eier · 1/2 Teel. Salz
Sonnenblumenöl zum Ausbacken

Schnell

Bei 12 Pfannkuchen pro Stück etwa:
640 kJ/150 kcal
5 g Eiweiß · 10 g Fett
10 g Kohlenhydrate

- Zubereitungszeit: etwa 30 Minuten

1. Das Kichererbsenmehl, die Eier und das Salz in eine große Schüssel geben. Mit den Quirlen des Handrührgerätes verrühren, dabei nach und nach 400 ml Wasser dazugeben.

2. Etwas Öl in einer großen Pfanne erhitzen. Eine Schöpfkelle von dem Teig hineingießen und glattstreichen. Den Pfannkuchen bei mittlerer Hitze etwa 2 Minuten backen, wenden und nochmals etwa 1 Minute backen. Herausnehmen und warm stellen. So verfahren, bis der ganze Teig verbraucht ist. Die Pfannkuchen heiß servieren.

Bild oben: Arabische Pizza
Bild unten: Kichererbsenpfannkuchen

KHUBZ – BROT, REIS & CO.

HALAWAT – SÜSSES

Nuß-Blätterteig-Pastete

Baklawa

Blätterteigpasteten, die mit reichlich Honig oder Zuckersirup getränkt sind, werden in der ganzen arabischen Welt in den verschiedensten Formen und mit den unterschiedlichsten Nußfüllungen angeboten. Viele Konditoreien haben sich nur auf die Herstellung von Baklawa spezialisiert. Sie sind die orientalische Süßigkeit überhaupt.

Zutaten für eine Auflaufform von etwa 30 × 21 cm:
2 Packungen tiefgekühlter Blätterteig (600 g)
100 g abgezogene Mandeln
300 g Haselnuß-, Walnuß- und Pistazienkerne, gemischt
175 g Butter
4 Eßl. Honig · 1 Ei
1 Teel. gemahlener Zimt
1 Päckchen Vanillezucker
200 g Zucker
Saft von 1 Zitrone

Für Gäste

Bei 12 Portionen pro Portion etwa:
2400 kJ/570 kcal
8 g Eiweiß · 41 g Fett
41 g Kohlenhydrate

- Zubereitungszeit: etwa 1 1/2 Stunden

1. Die Blätterteigscheiben nebeneinander auf einer bemehlten Arbeitsfläche auftauen lassen. In der Zwischenzeit die Nüsse im Blitzhacker grob hacken oder mahlen und in eine Schüssel geben.

2. 125 g Butter in einer kleinen Pfanne zerlassen und mit dem Honig, dem Ei, dem Zimt und dem Vanillezucker zu den Nüssen geben und alles gut vermischen. Den Backofen auf 200° vorheizen.

3. Die restliche Butter in einem Topf zerlassen. Jeweils 2 Blätterteigscheiben aufeinanderlegen und auf bemehlter Arbeitsfläche auf die Größe der Form dünn ausrollen.

4. Die Form mit flüssiger Butter einfetten. Eine Lage Blätterteig in die Form geben, mit flüssiger Butter bestreichen und ein Drittel der Nußmasse darauf glattstreichen. Es folgt wieder eine Lage Blätterteig, flüssige Butter, Nußmasse, Blätterteig, flüssige Butter, Nußmasse. Die oberste Schicht ist wieder eine Lage Blätterteig.

5. Die Baklawa mit Wasser besprenkeln und im Backofen (Mitte) in etwa 30 Minuten goldbraun backen.

6. In der Zwischenzeit den Zucker mit 1/4 l Wasser in einen Topf geben und in etwa 10 Minuten zu einem leicht dickflüssigen Sirup einkochen. Den Topf vom Herd nehmen und den Zitronensaft unter den Sirup rühren.

7. Den Sirup langsam mit einem Eßlöffel über der Baklawa verteilen. Immer wieder warten, bis der Sirup aufgesogen ist, dann den restlichen Sirup nach und nach darüber verteilen. Die abgekühlte Baklawa in portionsgerechte Rauten oder Quadrate schneiden. Das Gebäck schmeckt nur ganz frisch!

Variante:
Nußnester

Sie brauchen dafür nur halb soviel Nußmasse wie für die Baklawa.
Jedes Blätterteigstück einzeln ausrollen und in vier Quadrate schneiden. In die Mitte jedes Quadrates jeweils 1 Teelöffel der Nußmasse geben. Die Teigecken zur Mitte falten und festdrücken. Auf die Mitte eine ganze Haselnuß setzen. Ein Backblech mit Wasser besprenkeln. Die Nußnester darauf legen, mit Wasser bestreichen und etwa 20 Minuten bei 200° backen. Noch warm mit Zuckersirup bestreichen.

Baklawa ist das bekannteste süße Gebäck der arabischen Länder. Die delikate Nuß-Blätterteig-Pastete wird mit reichlich Zuckersirup beträufelt und schmeckt am besten ganz frisch.

HALAWAT – SÜSSES

Mandel-Rosinen-Kuskus

Kuskus Hulw

Zutaten für 4 Personen:
500 g Kuskus (Reformhaus, türkisches Lebensmittelgeschäft)
100 g Mandeln
50 g Rosinen
1 Teel. gemahlener Zimt
100 g Butter · 2–3 Eßl. Honig

Spezialität aus Nordafrika

Pro Portion etwa:
3500 kJ/830 kcal
16 g Eiweiß · 36 g Fett
110 g Kohlenhydrate

• Zubereitungszeit: etwa 1 Stunde

1. Den Kuskus in eine Schüssel geben, soviel Wasser zugeben, daß er knapp bedeckt ist und etwa 15 Minuten quellen lassen. In der Zwischenzeit die Mandeln mit kochendem Wasser überbrühen, kalt abschrecken und häuten.

2. In einem großen Topf 1 1/2 l Wasser zum Kochen bringen. Die Rosinen und den Zimt mit zwei Gabeln locker unter den Kuskus mischen.

3. Den Kuskus in ein Sieb geben und über das kochende Wasser in den Topf hängen. Der Kuskus darf aber nicht in die Flüssigkeit tauchen. Alufolie über den Topfrand ziehen, damit der Dampf nicht seitlich entweichen kann. Den Kuskus bei starker Hitze etwa 30 Minuten dämpfen.

4. In der Zwischenzeit die Mandeln in einer trockenen Pfanne ohne Fett bei mittlerer Hitze goldbraun rösten.

5. Die Alufolie entfernen und die Butter in kleinen Stücken unter den Kuskus rühren. Die Mandeln und den Honig dazugeben. Den Kuskus mit zwei Gabeln auflockern und noch einmal etwa 5 Minuten dämpfen.

6. Den Kuskus auf einer großen Platte zu einer Pyramide auftürmen und festdrücken. Nach Belieben mit frischem oder eingemachtem Obst servieren.

Sesamschnitten

Kak Simsimija

Zutaten für etwa 12 Stück:
50 g Butter
200 g Tahina (Sesammus, Naturkostladen, türkisches Lebensmittelgeschäft)
100 g Zucker
200 g Honig
2 Päckchen Vanillezucker
1 Teel. gemahlener Zimt
1 Teel. gemahlener Kardamom
2 Teel. Backpulver
Salz
250 g Weizenmehl
Fett für die Form

Spezialität aus Syrien

Bei 12 Schnitten pro Stück etwa:
1200 kJ/290 kcal
5 g Eiweiß · 13 g Fett
40 g Kohlenhydrate

• Zubereitungszeit: etwa 45 Minuten

1. Den Backofen auf 180° vorheizen. Die Butter in einem kleinen Topf zerlassen und mit dem Sesammus, dem Zucker, dem Honig, dem Vanillezucker, dem Zimt, dem Kardamom, dem Backpulver und dem Salz in eine Schüssel geben. Alles mit den Quirlen des Handrührgerätes verrühren. Das Mehl dazugeben und mit den Knethaken des Handrührgerätes zu einem festen Teig verarbeiten.

2. Eine flache Auflaufform einfetten, den Teig hineingeben, auf dem Formboden verteilen und im Backofen (Mitte) etwa 20 Minuten backen.

3. Herausnehmen, in portionsgerechte Rauten oder Quadrate schneiden und abkühlen lassen. Dann die Schnitten vorsichtig aus der Form nehmen.

> **Tip!**
> Sie können auch gehackte Mandeln, Haselnüsse, Walnüsse, Pistazien oder kleingeschnittenes Trockenobst unter den Teig mischen.

Im Bild vorne: Sesamschnitten
Im Bild hinten: Mandel-Rosinen-Kuskus

HALAWAT – SÜSSES

Gazellenhörnchen

Kak i-Ghazal

Zutaten für etwa 40 Hörnchen:
250 g Butter oder Butterschmalz
500 g Weizenmehl
Salz
200 g frische Datteln
Fett für die Form
Puderzucker zum Wälzen

Spezialität aus Marokko

Bei 40 Hörnchen pro Stück etwa:
440 kJ/100 kcal
1 g Eiweiß · 5 g Fett
13 g Kohlenhydrate

- Zubereitungszeit: etwa
 1 1/2 Stunden

1. Die Butter oder das Butterschmalz in einem kleinen Topf zerlassen. Etwas abkühlen lassen. Das Mehl, eine Prise Salz und 3–4 Eßlöffel Wasser in eine Schüssel geben. Die flüssige Butter oder das Butterschmalz dazugeben und alles mit den Knethaken des Handrührgerätes zu einem festen Teig verkneten.

2. Die Datteln entkernen und harte Stellen und Haut entfernen. Die Früchte kleinschneiden und mit 100 ml Wasser in einen kleinen Topf geben. Bei schwacher Hitze etwa 15 Minuten köcheln lassen.

3. Den Backofen auf 180° vorheizen. Den Teig auf einer bemehlten Arbeitsfläche kurz durchkneten und dünn ausrollen. Mit einem Glas (Durchmesser 7 cm) Kreise ausstechen. In die Mitte jedes Kreises 1 Teelöffel Dattelfüllung geben. Die Kreise je zur Hälfte legen, die Ränder gut andrücken. Die Halbkreise zu Hörnchen formen.

4. Ein Backblech einfetten. Die Hörnchen darauf verteilen und im Backofen (Mitte) in etwa 20 Minuten goldgelb backen. Herausnehmen, abkühlen lassen und in Puderzucker wälzen.

Grießpudding

Machmunia

Diese Süßspeise ist eine Spezialität aus Aleppo, Syrien. Unter dem Namen »Halva« hat das Rezept bis Indien und Griechenland Verbreitung gefunden.

Zutaten für 4 Personen:
125 g Butter
300 g Zucker
1 Teel. gemahlener Zimt
200 g Grieß

**Spezialität aus Syrien
Schnell**

Pro Portion etwa:
2900 kJ/690 kcal
6 g Eiweiß · 27 g Fett
110 g Kohlenhydrate

- Zubereitungszeit: etwa
 20 Minuten

1. Die Butter in einem großen Topf zerlassen, 3/4 l Wasser dazugeben und aufkochen lassen.

2. Den Zucker und den Zimt mischen, in das kochende Wasser einrühren. Alles unter Rühren bei mittlerer Hitze solange kochen lassen, bis sich der Zucker vollständig aufgelöst hat.

3. Unter ständigem Rühren nach und nach den Grieß in das Zuckerwasser geben, den Topf vom Herd nehmen und den Grießpudding zugedeckt etwa 5 Minuten quellen lassen. Warm servieren.

Tip!

In Syrien wird Eischta, eine Art dicke Sahne aus Büffelmilch, dazu gegessen. Da es bei uns keine Eischta gibt, nehmen Sie ersatzweise Crème fraîche. Auch Apfelmus, Vanilleeis und Obstkompott passen hervorragend zu Machmunia.

Im Bild vorne: Gazellenhörnchen
Im Bild hinten: Grießpudding

HALAWAT – SÜSSES

REZEPT- UND SACHREGISTER

Zum Gebrauch

Damit Sie Rezepte mit bestimmten Zutaten noch schneller finden können, stehen in diesem Register zusätzlich auch beliebte Zutaten wie Auberginen und Kichererbsen – ebenfalls alphabetisch geordnet und halbfett gedruckt – über den entsprechenden Rezepten.

A

Aprikosen
  Lammtopf mit Aprikosen 22
  Reis mit Datteln und Aprikosen (Variante) 46
Arabische Pizza 54
Auberginen
  Auberginen 5
  Auberginen mit Hackfleisch 32
  Auberginen mit Knoblauch 36
  Gefüllte Auberginen 34

B

Baklawa 8, 56
Backpflaumen: Hähnchentopf mit Mandeln
Brot
  Brot 7
  Dünne Fladenbrote 50
  Großes Fladenbrot 52
  Sesamringe 52
Bulgur
  Bulgur 7
  Bulgur-Tomaten-Salat 44
  Bulgur mit grünen Bohnen 44
  Hackfleisch-Bulgur-Bällchen 18
  Hackfleisch-Bulgur-Pastete (Variante) 19

D

Datteln
  Datteln 5
  Gazellenhörnchen 60
  Reis mit Datteln und Aprikosen (Variante) 46

dicke Bohnen
  dicke Bohnen 6
  Dicke Bohnen in Öl 30
  Dicke Bohnen syrische Art (Variante) 30
  Dünne Fladenbrote 50

E

Eischta 8, 60

F

Fisch
  Fisch 4
  Reis mit Fisch 48
Fleisch 4

G

Gazellenhörnchen 60
Gebratene Aubergine und Zucchini 32
Geflügel
  Geflügel 4
  Gefülltes Hähnchen 26
  Hähnchentopf mit Mandeln 24
  Huhn mit Oliven 24
Gefüllte Auberginen 34
Gefülltes Hähnchen 26
Gemüse 5
Geschmortes Rindfleisch mit Zucchini 22
Getränke 8
Gewürze 7
Gewürzte Lammkoteletts 20
Grießpudding 60
Großes Fladenbrot 52
Grüne Bohnen
  Bulgur mit grünen Bohnen 44
  Grüne Bohnen mit Tomaten 30
Gurke mit Joghurt 28

H

Hackfleisch
  Arabische Pizza 54
  Auberginen mit Hackfleisch 32
  Bulgur mit grünen Bohnen 44
  Gefüllte Auberginen 34
  Gefülltes Hähnchen 26
  Hackbraten mit Kartoffeln 20
  Hackfleisch-Bulgur-Bällchen 18
  Hackfleisch-Bulgur-Pastete (Variante) 19
  Hackfleischspieße 16
  Kohlrouladen 38
Hähnchentopf mit Mandeln 24
Harissa 12
Huhn mit Oliven 24
Hülsenfrüchte 6

J

Joghurt
  Gurke mit Joghurt 28
  Spinat-Joghurt-Suppe 14

62

K
Kaffee 8
Kichererbsen
- Geschmortes Rindfleisch mit Zucchini 22
- Hähnchentopf mit Mandeln 24
- Kichererbsen 6
- Kichererbsenbällchen 40
- Kichererbsenpfannkuchen 54
- Kichererbsen-Sesam-Püree 40
- Kuskus mit Lamm und Gemüse 42
- Ramadansuppe 12
- Reisfleisch mit Kichererbsen 48

Kohlrouladen 38
Kuskus
- Kuskus 7
- Kuskus mit Lamm und Gemüse 42
- Mandel-Rosinen-Kuskus 58

L
Lammfleisch
- Gewürzte Lammkoteletts 20
- Lammspieße 16
- Lammsuppe 14
- Lammtopf mit Aprikosen 22

Linsen: Ramadansuppe 12

M
Machmunia 8
Mandeln
- Hähnchentopf mit Mandeln 24
- Mandel-Rosinen-Kuskus 58
- Mandel-Rosinen-Reis 46
- Nuß-Blätterteig-Pastete 56
- Nußnester (Variante) 56
- Sesamschnitten (Tip) 58

N
Nüsse
- Nuß-Blätterteig-Pastete 56
- Nußnester (Variante) 56
- Safranreis mit Nüssen 46
- Tomaten mit Nuß-Rosinen-Reis 36

O
Obst 5
Oliven: Huhn mit Oliven 24

R
Ramadansuppe 12
Reis
- Mandel-Rosinen-Reis 46
- Reis mit Datteln und Aprikosen (Variante) 46
- Reis mit Fisch 48
- Reisfleisch mit Kichererbsen 48
- Safranreis mit Nüssen 46
- Spinat-Joghurt-Suppe 14
- Tomaten mit Nuß-Rosinen-Reis 36

Rindfleisch
- Geschmortes Rindfleisch mit Zucchini 22
- Ramadansuppe 12
- Reisfleisch mit Kichererbsen 48

Rosinen
- Hähnchentopf mit Mandeln 24
- Mandel-Rosinen-Kuskus 58
- Mandel-Rosinen-Reis 46
- Tomaten mit Nuß-Rosinen-Reis 36

S
Safranreis mit Nüssen 46
Schafkäse: Gefüllte Auberginen 34
Sesam
- Kichererbsen-Sesam-Püree 40
- Sesamschnitten 58
- Sesamringe 52

Spinat-Joghurt-Suppe 14
Süßigkeiten 8

T
Tee 9
Tomaten
- Bulgur-Tomaten-Salat 44
- Bulgur mit grünen Bohnen 44
- Gefüllte Auberginen 34
- Grüne Bohnen mit Tomaten 30
- Hackbraten mit Kartoffeln 20
- Lammspieße 16
- Tomatensalat 28
- Tomaten mit Nuß-Rosinen-Reis 36

Z
Zucchini
- Gebratene Aubergine und Zucchini 32
- Geschmortes Rindfleisch mit Zucchini 22

Zwiebeln
- Arabische Pizza 54
- Auberginen mit Knoblauch 36
- Gewürzte Lammkoteletts 20
- Lammspieße 16

IMPRESSUM

Umschlag-Vorderseite:
Das Rezept für Kuskus mit Lamm und Gemüse finden Sie auf Seite 42.

© 1993 Gräfe und Unzer GmbH, München.
Alle Rechte vorbehalten. Nachdruck, auch auszugsweise, sowie Verbreitung durch Film, Funk und Fernsehen, durch fotomechanische Wiedergabe, Tonträger und Datenverarbeitungssysteme jeglicher Art nur mit schriftlicher Genehmigung des Verlages.

Redaktion: Claudia Daiber
Layout: Ludwig Kaiser
Typographie: Robert Gigler
Herstellung: Joachim W. Schmidt
Produktion: Ina Hochbach
Fotos: Odette Teubner, Dorothee Gödert, Roland Marske (Seiten 4–11)
Umschlaggestaltung: Heinz Kraxenberger
Satz: Appl, Wemding
Reproduktion: Pfau, Mülheim/R.
Druck und Bindung: Grafedit, Bergamo
ISBN 3-7742-1514-6

Auflage 7. 6. 5. 4. 3.
Jahr   1999 98 97 96 95

Ali Soliman
wuchs in Beirut auf. Er verließ den Libanon während des Bürgerkrieges und lebt seitdem in Ägypten, wo er sich als freier Journalist neben der Kulturgeschichte des Nahen Ostens auch mit den kulinarischen Spezialitäten der arabischen Welt befaßt.

Roland Marske
studiert Geographie und Politik. Auf seinen zahlreichen Reisen im arabischen Raum lernte er auch die arabische Küche schätzen. Ihn verbindet eine langjährige Freundschaft mit Ali Soliman, der ihn in die Geheimnisse der arabischen Küche einweihte. Roland Marske, dessen Diavorträge über seine Reisen lebhaftes Interesse finden, steuerte neben seinen profunden Kenntnissen auch Fotos zu diesem Band bei.

Odette Teubner
wurde durch ihren Vater, den international bekannten Food-Fotografen Christian Teubner ausgebildet. Heute arbeitet sie ausschließlich im Studio für Lebensmittelfotografie Teubner. In ihrer Freizeit ist sie begeisterte Kinderporträtistin – mit dem eigenen Sohn als Modell.

Dorothee Gödert
arbeitete nach ihrer Ausbildung zur Fotografin zunächst im Bereich Stilllife- und Interieurfotografie. Nach einem Aufenthalt in Princeton/USA spezialisierte sie sich auf Food-Fotografie. Sie war bei namhaften Food-Fotografen tätig. Seit April 1988 fotografiert sie im Fotostudio Teubner.